W0176314

ROWOHLT
BERLIN

Barbara Rogasky

Der HolocauSt

Ein Buch für junge Leser

Aus dem Amerikanischen
und mit einem Nachwort von
Alan Posener

Rowohlt · Berlin

3. Auflage November 2000
Copyright der vollständig überarbeiteten und veränderten
deutschen Ausgabe © 1999 by Rowohlt · Berlin Verlag GmbH, Berlin
Alle Rechte vorbehalten
Lektorat Julia Kühn
Faktenredaktion Alan Posener
Umschlaggestaltung Büro Hamburg, Susanne Reizlein
(Fotos: Ch. Jungeblodt / Signum / Laif, Ullstein Bilderdienst)
Layout Joachim Düster
Satz aus der Trump Mediäval PostScript PageOne
Gesamtherstellung Clausen & Bosse, Leck
Printed in Germany
ISBN 3 87134 350 1

Die Schreibweise entspricht den Regeln der neuen Rechtschreibung.

Danksagung für die deutsche Ausgabe

Ein besonderer Dank gilt Julia Kühn, meiner Lektorin bei Rowohlt · Berlin, für ihre redaktionelle Sorgfalt und Sensibilität, die bei den in diesem Buch verhandelten Themen unerlässlich waren. Mehr noch danke ich ihr für ihre schier unerschöpfliche Geduld im Umgang mit einer oft schwierigen Autorin.

Und natürlich möchte ich dem Übersetzer Alan Posener für seine umfangreiche Arbeit danken – ohne ihn hätte dieses Buch nicht in seiner jetzigen Form erscheinen können.

Eine besondere Widmung

Vor ungefähr zehn Jahren beendete ich die amerikanische Originalfassung dieses Buches. Erst danach erfuhr ich von meiner älteren Schwester eine Tatsache, die mir als Kind verschwiegen worden war.

Mehr als 50 Angehörige meiner Familie wurden in Russland während der Jahre des Holocaust ermordet.

Meinen Verwandten, die ich nie kannte und nun nie mehr kennen lernen werde, widme ich dieses Buch.

Inhalt

Was du vor dem Lesen wissen solltest

Ich will nicht, dass du von diesem Buch Alpträume bekommst. Das ist bestimmt nicht meine Absicht. Es geht in diesem Buch um entsetzliche Dinge. Um Dinge, wie sie in einem Alptraum vorkommen könnten. Aber anders als in einem schrecklichen Traum ist alles, was ich hier beschreibe, wirklich passiert. Und anders als ein Traum war dieser Schrecken nicht am nächsten Morgen vorbei. Er hielt Jahre an.

Es geht in diesem Buch um Mord. Innerhalb von zwölf Jahren wurden fast sechs Millionen Menschen kaltblütig ermordet. Sechs Millionen. Zum Vergleich: in Berlin leben etwa dreieinhalb Millionen Menschen, in Köln nicht ganz eine Million.

Diese Menschen wurden nicht getötet, weil sie Soldaten oder Spione waren. Es gab kein Gerichtsverfahren, in dem Richter oder Geschworene sie eines furchtbaren Verbrechens für schuldig befanden. Es machte keinen Unterschied, ob sie Männer oder Frauen waren, alt oder jung – ermordet wurden auch anderthalb Millionen Kinder unter fünfzehn Jahren.

Sie mussten alle aus einem einzigen Grund sterben: weil sie Juden waren.

Keine Maschine hat das getan, auch keine Atombombe. Alle diese jüdischen Männer, Frauen und Kinder wurden von Menschen ums Leben gebracht.

Wir nennen diese Zeit den Holocaust. Es war eine Zeit, in der die Nazis in Deutschland herrschten und

Deutschland fast ganz Europa beherrschte. Die Nazis wollten ein «judenfreies» Europa. Und fast hätten sie ihr Ziel erreicht.

Ihren millionenfachen Mord nannten sie «die Endlösung der Judenfrage». Deutschland wurde schließlich mit Waffengewalt bezwungen. Sonst hätten die Nazis ihren mörderischen Wahnsinn über die ganze Erde ausgebreitet.

Warum geschah das – wie konnte das geschehen? Wie gingen die Mörder vor? Konnte sie niemand aufhalten? Wie konnten die Juden so etwas geschehen lassen – haben sie sich nicht gewehrt?

Auf diese und viele andere Fragen versuche ich eine Antwort zu geben. Aber bevor du mit dem ersten Kapitel beginnst, solltest du etwas über die Zeit wissen, in der dieses Verbrechen stattfand.

Unter der Führung Adolf Hitlers kamen die Nazis 1933 in Deutschland an die Macht. 1939 entfesselten sie den Zweiten Weltkrieg, und bald mussten fast alle Länder Europas ums nackte Überleben kämpfen. Im Dezember 1941 erklärte Hitler auch den Vereinigten Staaten von Amerika den Krieg.

Deutschland hatte zwei wichtige Verbündete – Japan und Italien. Japan war die wichtigste Macht im Fernen Osten und führte dort und im Pazifik seinen eigenen Krieg. An der «Endlösung» war Japan nicht beteiligt – wahrscheinlich schlicht und einfach deshalb, weil es in Japan kaum Juden gab.

Italien hatte eine ähnliche Regierung wie Deutschland. Schon viele Jahre vor der Machtübernahme der Nazis in Deutschland hatten die Faschisten in Italien die Macht ergriffen. Obwohl der Einfluss der deutschen Nazis in Italien ziemlich groß war, spielte Italien keine bedeutende Rolle in Hitlers Europa, und der faschistische italienische Staat hat seine jüdischen Bürger nicht ermordet.

Die Vereinigten Staaten von Amerika, Großbritannien und die Sowjetunion waren die wichtigsten Mächte im Kampf gegen Nazideutschland. Man nennt sie «die Alliierten». Frankreich war zwar von Deutschland besiegt worden; einige französische Führer konnten jedoch aus dem Land fliehen und gründeten in London eine Exilregierung, die das Freie Frankreich vertrat. Auch wenn sein Beitrag den Kriegsverlauf nur wenig beeinflusste, kämpfte das Freie Frankreich auf Seiten der Alliierten gegen Hitler.

Im Juni 1941 fiel Deutschland in die Sowjetunion ein. In den Schlachten gegen die deutschen Angreifer verloren Millionen ihr Leben. Schließlich gelang es den sowjetischen Armeen, zum Gegenangriff überzugehen. Das Blatt hatte sich gewendet.

Zwischen der Sowjetunion und ihren westlichen Verbündeten herrschte allerdings oft gegenseitiges Misstrauen. Die Sowjetunion wollte auch nicht zugeben, dass die Juden einfach deshalb ermordet wurden, weil sie Juden waren. Die sowjetischen Juden würden nicht als Juden, sondern als Sowjetbürger verfolgt und gepeinigt – so behaupteten die Führer der Sowjetunion. Sie lehnten jede Unterscheidung in Juden und Nichtjuden ab und weigerten sich, das Problem auch nur zu diskutieren.

Den Staat Israel gab es noch nicht. Seit dem Ersten Weltkrieg war Palästina, wie das Gebiet damals hieß, unter britischer Kontrolle. Bereits 1917 erklärte die britische Regierung Palästina zur «Jüdisch-Nationalen Heimstätte». Palästina war zwar kein selbständiger Staat, aber Juden aus anderen Ländern durften sich dort niederlassen.

Vor diesem Hintergrund spielten sich die Ereignisse der Jahre 1933 bis 1945 ab. Es waren die Jahre der Naziherrschaft – die Jahre des Holocaust.

Das Wort «Holocaust» stammt aus dem Griechischen und bedeutete ursprünglich ein Brandopfer, bei dem die Opfergabe restlos vom Feuer verschlungen wurde. Heute bezeichnen wir mit diesem Wort die Vernichtung eines großen Gebiets oder einer großen Anzahl von Menschen. Vor allem meinen wir damit die Zeit, in der sechs Millionen europäische Juden ermordet und ihre Leichen größtenteils verbrannt – durch Feuer vernichtet – wurden.

Es ist nicht leicht, darüber zu lesen. Es sind so riesige Zahlen, so viele Zahlen. Die Einzelheiten sind unangenehm und brutal. Es tut dir vielleicht sogar weh, davon zu lesen. Aber diese Geschichte lässt sich nicht erzählen wie ein Märchen für Kinder. Und sie geht nicht gut aus.

Im Krieg starben Millionen Menschen auf der ganzen Welt. In diesem Buch ist aber nur von der Vernichtung der Juden die Rede, weil nur sie zur völligen Ausrottung vorgesehen waren. Elie Wiesel, der zu den berühmtesten Überlebenden des Holocaust gehört und über seine Erfahrungen geschrieben hat, sagte in aller Kürze, worum es geht: «Nicht alle Opfer waren Juden, aber alle Juden waren Opfer.»

Ich habe dieses Buch nicht geschrieben, damit du Alpträume bekommst. Aber es handelt von einer Zeit, in der ein Alptraum wahr wurde.

14

Ein paar Begriffserklärungen

ACHSENMÄCHTE: Deutschland, Italien und Japan.

ALLIIERTE: Die im Kampf gegen die Achsenmächte vereinten Nationen, insbesondere die drei wichtigsten Mächte – die Vereinigten Staaten von Amerika, Großbritannien und die Sowjetunion.

DRITTES REICH: Deutschland unter den Nazis. Für Hitler war das Erste Reich – das Heilige Römische Reich Deutscher Nation (962–1806) – unter den frühen Kaisern eine große Zeit deutscher Machtentfaltung. Eine zweite Periode deutscher Größe sah er im Zweiten Reich (1871–1918), insbesondere unter der Führung Otto von Bismarcks (1871–1890). Hitlers «Drittes Reich» sollte tausend Jahre dauern. In Wirklichkeit dauerte es zwölf Jahre – von 1933 bis 1945.

EINSATZGRUPPEN: In den von deutschen Truppen besetzten Gebieten Osteuropas einschließlich der Sowjetunion eingesetzte Erschießungskommandos, die Juden aufspürten und an Ort und Stelle ermordeten.

ENDLÖSUNG: Die so genannte Endlösung der Judenfrage, also der Plan der Nazis, alle Juden Europas systematisch zu ermorden. Am «effizientesten» erschien den Nazis die Anwendung von Giftgas, doch auch jedes andere Mittel war ihnen recht – der langsame Tod durch Arbeit und durch Hunger, der schnellere Tod durch Erschießen.

FÜHRER: Adolf Hitler wurde von den Deutschen schlicht «der Führer» genannt.

GENERALGOUVERNEMENT: Die Bezeichnung für den von Deutschland besetzten Teil Polens.

GESTAPO: Die Geheime Staatspolizei der Nazis. Im Dritten Reich wurden Tausende und Abertausende von der Gestapo verhaftet, eingekerkert und gequält.

HAKENKREUZ: Ein über 6000 Jahre altes Glückssymbol, auch «Swastika» genannt. Leicht verändert wurde es zum Symbol der Nationalsozialisten und des Dritten Reichs.

HOLOCAUST: Die Ermordung von etwa sechs Millionen europäischen Juden durch Nazideutschland und seine Verbündeten. In Deutschland spricht man erst seit 1979 vom «Holocaust». Damals wurde der vierteilige amerikanische Fernsehfilm «Holocaust» über das Schicksal einer deutsch-jüdischen Familie auch in Deutschland ausgestrahlt und erschütterte Millionen. In Israel spricht man von der «Schoa» oder «Shoah».

«KANADA»: Drei große Lagerhallen in Auschwitz, in denen die Kleidung und die persönlichen Habseligkeiten der vergasten Juden aufbewahrt wurden. Der Name leitete sich aus der Vorstellung der Häftlinge ab, dass Kanada das Land wäre, in dem es alles gäbe.

KAPO: Ein Häftling, der als Aufseher eingesetzt wurde.

KONZENTRATIONSLAGER (KZ): Ein Gefangenenlager, in dem Menschen, die den Nazis gefährlich erschienen, «konzentriert» (zusammengepfercht) und «unschädlich gemacht» wurden. Die ersten Konzentrationslager wurden in Deutschland errichtet; die ersten Insassen waren politische Gegner der Nazis, also deutsche Staatsbürger, Juden wie Nichtjuden. Später wurden mehrere hundert solcher Lager gebaut, große wie kleine, überall in Deutschland und dem von

Deutschland besetzten Europa. In diesen Lagern lebten, litten und starben Millionen. Nach offizieller Lesart sollten die Lagerinsassen als Arbeitskräfte dienen, aber die Lebensbedingungen und die sadistische Brutalität der KZ-Aufseher machten das bloße Überleben äußerst schwierig. Die größte Einzelgruppe in den Konzentrationslagern bildeten die Juden. Sie sollten erst gar nicht überleben: Darauf zielte die Politik der Nazis bewusst ab. Alle Konzentrationslager unterstanden der SS.

NAZIS: Abkürzung für Nationalsozialisten. Die von Hitler geführte Partei hieß «Nationalsozialistische Deutsche Arbeiterpartei» (NSDAP).

POGROM: Das russische Wort bedeutet «Verwüstung». Man bezeichnet damit einen Terrorüberfall auf eine jüdische Gemeinde. In Osteuropa gab es im 19. und noch im 20. Jahrhundert oft Pogrome. Im Gegensatz zur Verfolgung durch die Nazis waren diese Pogrome immer räumlich und zeitlich begrenzt.

REICHSSICHERHEITSHAUPTAMT: Im Reichssicherheitshauptamt (RSHA) wurden die Geheime Staatspolizei (Gestapo), die Kriminalpolizei und der so genannte Sicherheitsdienst (SD) zusammengefasst. Chef dieser äußerst mächtigen Behörde war Reinhard Heydrich, Hauptorganisator der «Endlösung».

SA: Abkürzung für «Sturmabteilung», eine private Armee der Nazi-Partei, die nicht dem regulären Heer unterstand. SA-Mitglieder waren oft einfache, durchschnittliche Deutsche. Wegen der Farbe ihrer Uniform wurden sie «Braunhemden» genannt. Nach den ersten Jahren der Naziherrschaft wurde die SA entmachtet.

SD: Abkürzung für «Sicherheitsdienst».

SONDERBEHANDLUNG: Diesen Begriff verwendeten die Nazis oft, um ihr wahres Ziel – die Ermordung Unschuldiger – zu vertuschen.

SONDERKOMMANDO: Sonderkommandos bestanden aus Juden, die vorläufig von der Vernichtung zurückgestellt wurden, um in den Tötungszentren der Lager zu arbeiten. Nach einiger Zeit wurden sie ihrerseits getötet und durch Neuankömmlinge ersetzt.

SOWJETUNION: Die «Union der Sozialistischen Sowjetrepubliken» (UdSSR). Die Sowjetunion (1922 bis 1992) umfasste die heutigen Staaten Russland, Ukraine, Weißrussland, Kasachstan, Georgien und andere.

SS: Abkürzung für «Schutzstaffel». Die SS war ursprünglich Hitlers Leibwache und wurde zu einer Privatarmee der Nazis ausgebaut, die von dem regulären Heer unabhängig war. Die Mitglieder der SS erhielten eine Spezialausbildung und galten als Elite der Nation. Mit der Zeit wurde die SS zur mächtigsten Organisation im Dritten Reich. Ihrer Totenkopfbrigade, deren Mitglieder auf Uniformmützen und Schulterstücken einen Totenkopf trugen, unterstanden die Konzentrationslager.

VERNICHTUNGSLAGER: Ein Lager, das eigens für das Töten von Juden errichtet und zu diesem Zweck mit Gaskammern und Krematorien ausgerüstet wurde. Es gab sechs Vernichtungslager. Sie befanden sich alle in Polen, und zwar in Auschwitz, Majdanek, Chelmno (Kulmhof), Belzec, Sobibor und Treblinka. Das größte Vernichtungslager war das bei Auschwitz und hieß Auschwitz II bzw. Birkenau. Alle Lager unterstanden der SS.

Zu den Fotos

Viele der Fotos in diesem Buch wirken dunkel und verschwommen. Das hat damit zu tun, dass sie alt sind – die meisten wurden vor mehr als fünfzig Jahren aufgenommen – und dass die Abzüge nicht von den Originalnegativen gemacht werden konnten, da diese in der Regel nicht mehr aufzutreiben sind.

Du solltest wissen, dass fast alle Fotos, die den Holocaust dokumentieren, nicht heimlich entstanden sind, sondern ganz offiziell von deutschen SS-Männern oder Zeitungsfotografen gemacht wurden.

Wurzeln des Judenhasses

Dem nach sol und mus es uns Christen kein Schertz, sondern grosser ernst sein, ... unser seelen von den Jüden, das ist: vom Teufel und ewigen tod, zu erretten. Und ist der [mein Rat], wie droben gesagt, Erstlich: Das man ire Synagoga mit feur verbrenne, Und werffe hie zu, wer da kan, Schwefel und pech. ... Zum andern, Das man ihnen alle ire Bücher neme, Betbücher, Thalmudisten, auch die ganze Bibel, und nicht ein blat liesse. ... Zum dritten, Das man inen verbiete, bey uns und in dem unsern öffentlich Gott zu loben, zu dancken, zu beten, zu leren, bey verlust leibes und lebens. ... Zum vierden, Das inen verboten werden, den Namen Gottes fur unsern ohren zu nennen. ... Meins dünckens wils doch da hinaus, Söllen wir der Jüden lesterung rein bleiben und nicht teilhaftig werden, So müssen wir gescheiden sein, und sie aus unserm Lande vertrieben werden.

Martin Luther: «Von den Juden und ihren Lügen», 1543

Wenn's Judenblut vom Messer spritzt,
Dann geht's nochmal so gut.

Marschlied der SA

D as Zerstörungswerk der Nazis konnte nur gelingen, weil der Boden dafür schon lange vor Hitler bereitet worden war. Bereits im frühen Christentum wurden die Juden als Mörder Jesu Christi beschimpft – als Gottesmörder. Dieses Verbrechen erschien vielen Christen so abgrundtief schrecklich, dass sie den Juden jede nur denkbare Bosheit zutrauten. Im Mittelalter wurden die Juden beschuldigt, die Brunnen vergiftet und die Pest verursacht zu haben, die in ganz Europa Millionen Menschen hinweggraffte. Martin Luther, der Begründer des

Protestantismus, erklärte die Juden gar zum ärgsten Feind des Christentums gleich nach dem Teufel. Es hieß, die Juden würden Christen ermorden, vor allem unschuldige Kinder, und das Blut ihrer Opfer bei religiösen Ritualen verwenden. Diese berüchtigte «Blutbeschuldigung» wurde Jahrhunderte später von den Nazis für ihre Zwecke wieder dienstbar gemacht. So kam es, dass den Juden in Europa nur selten ein friedliches Leben vergönnt war. Ganze Gemeinden wurden überfallen, geplündert, zerstört. Jüdische Kinder nahm man ihren Eltern weg, um sie als Christen zu erziehen. Juden, die ihrem Glauben nicht abschwören wollten, wurden auf dem Scheiterhaufen verbrannt.

Strenge Bestimmungen wurden in verschiedenen Ländern erlassen, die den Juden vorschrieben, was sie zu tun und zu lassen hatten. Zu verschiedenen Zeiten war es Juden verboten, als Ärzte, Rechtsanwälte oder Lehrer für Nichtjuden tätig zu sein, Speisen an Christen zu verkaufen oder Christen bei sich anzustellen, sich von christlichen Krankenschwestern pflegen zu lassen, ja selbst mit Christen im gleichen Haus zu wohnen. Oft mussten sie besondere Kleidung tragen oder ein besonderes Stoffabzeichen, damit ihre Mitmenschen sie leichter als Juden erkennen und ihnen aus dem Weg gehen konnten.

Für Christen galt das Verleihen von Geld an andere Christen gegen Zinsen lange Zeit als Sünde. Aber auch Christen benötigten zuweilen dringend Geld, und da leisteten ihnen jüdische Geldverleiher wertvolle Dienste. (Die Bibel verbietet auch den Juden, Zinsen von Glaubensbrüdern zu nehmen. Da es im Mittelmeerraum unter den Völkern aber sonst üblich war, Zinsen zu neh-

21

Die Titelseite des *Stürmer*, einer äußerst weit verbreiteten antisemitischen Hetzschrift. Der Besitzer und Herausgeber Julius Streicher war ein Liebling Hitlers. Diese Ausgabe hier ist der Blutbeschuldigung gewidmet und behauptet, dass die Juden ein Mördervolk seien und nach dem Blut der Nichtjuden gierten. Außerdem, dass sie zum jüdischen Osterfest mit Vorliebe nichtjüdische Kinder auf bestialische Weise ermorden, deren Blut in Schalen auffangen und trinken oder für ihre religiösen Riten benutzen würden. Der unten stehende Satz «Die Juden sind unser Unglück!» wurde in jeder Ausgabe wiederholt.

men, wird das den Juden im Geschäft mit Nichtjuden von der Bibel nicht verboten.) Geldgierige Adlige drängten viele Juden geradezu in diesen Berufszweig. Und bald schon setzten die Mächtigen die Juden auch als Steuereintreiber, Verwalter großer Güter und überhaupt als Mittelsmänner in Sachen Geld und Finanzen ein. Obwohl nur ein kleiner Teil der Juden im Geldgeschäft tätig war, bildet diese Entwicklung wahrscheinlich die historische Grundlage für solche Vorurteile wie: «Alle Juden sind reich» oder: «Die Juden kontrollieren das ganze Geld».

Die Juden wurden im Mittelalter aus einem Land nach dem anderen vertrieben, so zum Beispiel aus England, Frankreich, Spanien, Portugal, Italien – und Deutschland. Wenn sie geduldet wurden, mussten sie oft in einem besonderen, abgegrenzten Stadtviertel wohnen – im Ghetto. Im russischen Reich wurde im 18. Jahrhundert sogar verordnet, dass Juden sich nur in einem bestimmten Gebiet im Westen des Landes – dem so genannten jüdischen Ansiedlungsrayon – niederlassen durften. Diese Siedlungsbeschränkung wurde erst zweihundert Jahre später aufgehoben, im zwanzigsten Jahrhundert. Auch in neueren, moderneren Zeiten wurde es vielerorts nicht viel besser. In Russland, der Ukraine und Rumänien starben Tausende von Juden als Opfer von Pogromen, bei denen organisierte Banden wehrlose jüdische Gemeinden überfielen, die Häuser plünderten oder in Brand steckten und die Einwohner tot oder verletzt zurückließen. Allein in den vier Jahren von 1900 bis 1904 wurden auf diese Weise mindestens 50 000 Juden ermordet.

Der Antisemitismus in Deutschland

Antisemitismus bedeutet Judenfeindlichkeit. Die Wurzeln des Antisemitismus in Deutschland reichen weit in die Vergangenheit zurück. Als im 11. Jahrhundert christliche Kreuzritter aufbrachen, um in einem Kreuzzug das Heilige Land von der Herrschaft der Muslime zu befreien, entdeckten sie vor ihrer Haustür leichtere Beute. Tausende deutsche Juden wurden in deutschen Städten von christlichen deutschen Rittern ermordet. Später, in den Pestjahren, wurden über zweihundert jüdische Gemeinden in Pogromen ganz oder teilweise ausgelöscht.

Auch im weiteren Verlauf der Geschichte mussten die deutschen Juden immer wieder erleben, wie ihre Familien angefeindet, ihre Häuser geplündert, ihre Friedhöfe geschändet und ihre Synagogen in Brand gesteckt wurden. In manchen Dörfern soll es sogar üblich gewesen sein, in der Karwoche mit Steinen nach Juden zu werfen. Aber auch in ruhigeren Zeiten wurde den Juden das tägliche Leben durch allerlei Schikanen schwer gemacht.

Im 19. Jahrhundert nahm der «moderne» Antisemitismus langsam Gestalt an. Während die Juden mehr Rechte erlangten, nahm gleichzeitig die Zahl und Brutalität antisemitischer Zwischenfälle zu, darunter antijüdische Krawalle, deren Rädelsführer die Losung ausgaben: «Hep! Hep! Hep! Allen Juden Tod und Verderben!»

Zu den wichtigsten Ereignissen dieser Zeit zählt aber die Erfindung des Begriffs «Antisemitismus» selbst. 1873 tauchte er in einem kleinen – bald sehr erfolgreichen – Buch mit dem Titel *Der Sieg des Judenthums über das Germanenthum* von einem gewissen Wilhelm Marr auf.

Die Geschichte der Judenverfolgung nahm damit eine neue Wendung. Bis dahin hatte man die Juden wegen ihrer Religion für gefährlich gehalten. Wenn sie, wie viele meinten, zu jeder Bosheit fähig seien, so lag das an ihrem Glauben, nicht an ihrer Person. Daraus folgte, dass sie sich auch «zum Besseren» verändern könnten, und zwar am ehesten dadurch, dass sie ihren Glauben aufgaben und sich zum Christentum bekehren ließen. Mit anderen Worten: Sie hatten die Wahl, Juden oder Nichtjuden zu sein. Nach 1873 änderte sich das. Jetzt nannte man sie nicht mehr nur Juden, sondern «Semiten», und betrachtete sie zum ersten Mal als eine eigene Rasse. Über das Jüdischsein eines Menschen entschied nun nicht mehr sein Glaube, sondern seine Abstammung; sein «Blut», nicht seine Religion. Wenn es stimmte, dass die Juden durch Geburt einer besonderen Rasse angehörten, dann wäre es ihnen ja nicht möglich, sich zu verändern. Dann wären sie von allem Anfang an grundlegend anders als alle anderen Menschen. Dieser Gedanke bildete den wichtigsten Baustein für den Antisemitismus der Nazis.

1881 wurde eine «Anti-Semiten-Petition» mit einer Viertelmillion Unterschriften an den deutschen Reichskanzler Bismarck geschickt. Darin wurde die Entfernung aller Juden aus höheren Beamtenstellen und die Beschränkung der Einwanderung von Juden nach Deutschland gefordert. Überhaupt sollte «das deutsche Volk» von der «Fremdherrschaft» und «Ausbeutung» durch die Juden befreit werden. Die «Anti-Semiten» konnten ihre Forderungen zwar nicht durchsetzen, aber sie hatten viele Sympathien selbst in höchsten Regierungskreisen.

Antisemitische Politiker wurden auch in den Reichstag gewählt. Einer von ihnen erklärte unter großem Beifall: «Meine Herren, die Juden sind in der Tat Raubtiere … Der Jude arbeitet parasitisch … Die Juden sind Cholerabazillen.» 1899 forderte die «Deutsch-Soziale Reformpartei» in Hamburg eine «Lösung der Judenfrage» durch «völlige Absonderung und (wenn die Notwehr es gebietet) schließlich Vernichtung des Judenvolkes …»

Antisemitische Bücher und Hetzschriften erschienen dutzendweise und wurden von allen gelesen. Der *Antisemiten-Katechismus* zum Beispiel erreichte sechsunddreißig Auflagen und wurde von zigtausend Menschen gelesen. Ein tausend Seiten starker Wälzer mit dem Titel *Grundlagen des Neunzehnten Jahrhunderts* behauptete, alles Gute in der Kultur sei von «Ariern» geschaffen worden. Die reinsten und besten Exemplare dieser blonden, blauäugigen Herrenrasse seien die Deutschen. Was an der Zivilisation aber schlecht sei, hätten vor allem ihre Feinde hervorgebracht – die Juden.

Alle diese Ideen haben Hitler – und Millionen andere Menschen – stark beeinflusst.

1905 tauchten die *Protokolle der Weisen von Zion* in Russland auf. Bei diesen Schriften handelt es sich um angebliche Geheimpläne einer «jüdischen Weltverschwörung» zur Erlangung der Weltherrschaft. Die «Protokolle» wurden in viele Sprachen übersetzt und erreichten Millionen Leser in fast allen Ländern der Erde. Die deutsche Ausgabe erschien 1920, und bis zum Jahresende waren bereits 120000 Exemplare verkauft – für damalige Verhältnisse eine sehr hohe Auflage. Um den Menschen die wahre Bedeutung der *Protokolle* zu erklären und über die «jüdische Gefahr» aufzuklären, wurden auch Vorträge gehalten und sogar Abendkurse eingerichtet.

1921 konnte nachgewiesen wer-
den, dass es sich bei den *Protokollen*
um eine Fälschung handelte: Lügen,
nichts als Lügen, von der ersten bis
zur letzten Seite. Aber das machte
keinen Unterschied. Die *Protokolle
der Weisen von Zion* fanden immer
mehr Leser und wurden immer wieder
herangezogen, um die angeblich wahren Absichten der Juden zu beweisen.
Hitler war von den *Protokollen* sehr
beeindruckt. Aus ihnen könnten die
Nazis viel lernen, meinte er, zum Beispiel, wie man an die Macht komme.

Adolf Hitler und *Mein Kampf*

Adolf Hitler wurde 1889 in Österreich
geboren und ging 1913 nach Deutschland. Im Ersten Weltkrieg kämpfte er
im deutschen Heer und wurde zweimal verwundet. Nachdem Deutsch-

Adolf Hitler besaß keinen Schulab-
schluss. Seit 1921 war er Vorsitzender
der NSDAP und von 1933 bis 1945 der
mit diktatorischen Vollmachten aus-
gestattete, uneingeschränkte Führer
Deutschlands. Ohne ihn hätte es den
Holocaust nicht gegeben.

land den Krieg verloren hatte, kehrte Hitler von der Front
zurück und fand seine Wahlheimat in Aufruhr.

Es gab viele Arbeitslose und blutige Straßenkämpfe –
Revolution lag in der Luft. Der Kaiser war geflohen, die
neue demokratische Regierung schien unfähig und hilflos zu sein und das Land kam nicht zur Ruhe. Die Menschen waren verbittert, verarmt, hungrig, wütend. Um
sie herum brach ihre Welt zusammen. Warum? Sie suchten nach Antworten. Sie suchten nach Schuldigen.

Neue politische Organisationen und Parteien schossen überall wie Pilze aus dem Boden. Jede von ihnen behauptete, die Antworten auf alle Fragen zu kennen, die richtige Lösung zu haben. Die meisten dieser Gruppen waren äußerst nationalistisch und antidemokratisch eingestellt. Sie waren gegen die Regierung und gegen die Juden. Zu ihren Anhängern gehörte Adolf Hitler. Er wurde Mitglied einer kleinen Gruppe, die sich Deutsche Arbeiterpartei (DAP) nannte. Aus dieser Gruppe wurde schließlich die Nationalsozialistische Deutsche Arbeiterpartei (NSDAP). Das waren die Nazis.

Nicht zuletzt dank Hitlers persönlicher Ausstrahlung und seiner ungeheuren Begabung als Redner wuchs die Mitgliederzahl der Partei. Das Programm der Nazis versprach allen Deutschen Arbeit und Brot und eine gute Ausbildung. Deutschland müsse seinen rechtmäßigen Platz unter den Nationen der Welt wieder einnehmen dürfen, forderten die Nazis. Um die Niederlage im Ersten Weltkrieg zu erklären, benutzten sie die weit verbreitete Legende vom «Dolchstoß»: Die deutsche Armee sei nicht vom Feind besiegt, sondern von der eigenen Regierung von hinten erdolcht worden; denn diese hätte sich mit den «jüdischen Volksverderbern» verbündet und sei dadurch so geschwächt worden, dass sie ihre Kampfkraft und ihren Siegeswillen verlor.

Unter Punkt vier des Parteiprogramms der NSDAP von 1920 hieß es klar und deutlich: «Staatsbürger kann nur sein, wer Volksgenosse ist. Volksgenosse kann nur sein, wer deutschen Blutes ist, ohne Rücksichtnahme auf Konfession. Kein Jude kann daher Volksgenosse sein.» Mit anderen Worten: Da die Juden angeblich einer

28

anderen Rasse angehörten als die Deutschen, durften sie keine deutschen Staatsbürger sein. Einige Jahre später lösten die Nazis diesen Programmpunkt ein.

1923, nur fünf Jahre nach der Niederlage im Weltkrieg, wurde das Land von der schlimmsten Inflation der Weltgeschichte heimgesucht. Millionen waren arbeitslos, aber auch wer Arbeit hatte, konnte mit seinem Geld kaum etwas kaufen, weil die Reichsmark rasend schnell an Wert verlor. Ein Brot zum Beispiel konnte morgens fünf Millionen Reichsmark kosten und noch am selben Abend doppelt so viel. Man transportierte das Geld in Kisten oder auf Schubkarren; es war nicht einmal das Papier wert, auf dem es gedruckt war. Deutschland stand schlicht und einfach vor dem völligen Zusammenbruch.

In dieser Situation versuchte Hitler mit seiner jungen Partei, gewaltsam an die Macht zu kommen. Der Putsch scheiterte, und Hitler wurde festgenommen und zu fünf Jahren Festungshaft verurteilt, von denen er nur neun Monate absitzen musste. Er nutzte diese Zeit, um ein Buch zu schreiben, das zur Bibel der nationalsozialistischen Bewegung wurde: *Mein Kampf*. Es ist die Geschichte seiner frühen Jahre, der Entwicklung seiner politischen Ideen und des Wachstums seiner Partei.

Mein Kampf ist entsetzlich langweilig. Es ist fast unmöglich, das Buch auszulesen. Das erklärt vielleicht, weshalb sich so wenige Menschen die Mühe machten, herauszufinden, was eigentlich darin stand. Die Theorien der Nazis und ihre Pläne – Pläne, die innerhalb der nächsten Jahre schreckliche Wirklichkeit werden sollten – stellte Hitler ohne Wenn und Aber dar. Auch die Ideen, die zum Holocaust führten, buchstabierte er darin in aller Deutlichkeit aus.

Hitler war von dem Gedanken der Rasse geradezu besessen. Alles Wertvolle in der Welt, ja die Kultur selbst, sei von der arischen Rasse geschaffen worden, glaubte er.

In Wirklichkeit gibt es so etwas wie eine «arische Rasse» gar nicht, aber das war Hitler und seinen Anhängern gleichgültig.

Jede Regierung und jeder Staat habe das Recht und die heilige Pflicht zur «Reinhaltung des Blutes»; denn der einzige Zweck des Staates sei die «Erhaltung der Rasse».

Immer wieder kommt Hitler in *Mein Kampf* auf «den Juden» zurück.

«Der Jude» bilde «den stärksten Gegensatz zum Arier».

Der Arier sei «Kulturbegründer», der Jude aber «Kulturzerstörer».

«Der Jude» war für Hitler «die Made im faulenden Leibe», «der Parasit im Körper anderer Völker», «Ungeziefer», «Pestilenz», «die Spinne, die dem Volke langsam das Blut aus den Poren saugt», «der Völkervampir», ein «Zuhälter», eine «Schlange» – die Liste seiner Beschimpfungen nimmt kein Ende.

«Der Jude» sei ein Volksfeind. Sein Endziel sei «die Senkung des Rassenniveaus der Höchsten» und die «Beherrschung dieses Rassenbreis durch Ausrottung der völkischen Intelligenzen und deren Ersatz durch die Angehörigen seines eigenen Volkes».

Die Juden würden ihre wahren Ziele verheimlichen. Sie gäben sich als Religionsgemeinschaft aus, das sei aber «ihre erste und größte Lüge». Sie seien im Gegenteil «unbedingt Rasse und nicht Religionsgenossenschaft» und «auch nicht imstande, ihre Rasseneigenarten zu opfern».

«Siegt der Jude», schrieb Hitler, «... dann wird seine Krone der Totenkranz der Menschheit sein, dann wird dieser Planet wieder wie einst vor Jahrtausenden menschenleer durch den Äther ziehen.»

Kein Wunder, dass er sich schließlich zu der Behauptung verstieg: «Indem ich mich des Juden erwehre, kämpfe ich für das Werk des Herrn.»

Die Hitlerjugend (HJ), 1926 als Jugendorganisation der NSDAP gegründet, wurde 1936 zur staatlichen Jugendorganisation; seit 1939 war die Mitgliedschaft für alle Jungen und Mädchen zwischen 10 und 18 Jahren Pflicht. Hier lernten sie die nationalsozialistische Weltanschauung, die Liebe zu Führer und Partei und den Hass auf die Juden. Die Jungen erhielten auch eine vormilitärische Ausbildung. Die 10- bis 14-jährigen Jungen, die hier zu sehen sind, gehörten dem Deutschen Jungvolk an, die älteren Jungen bildeten die Hitlerjugend im engeren Sinne.

Deutschland habe den Krieg verloren, weil es sich nicht rein erhalten habe und deshalb schwach geworden sei. Das deutsche Volk sei verraten worden. «Hätte man zu Kriegsbeginn und während des Kriegs einmal zwölf- oder fünfzehntausend dieser hebräischen Volksverderber ... unter Giftgas gehalten ..., dann wäre das Millionenopfer an der Front nicht vergeblich gewesen.»

Der Holocaust beweist, dass Hitler jedes Wort ernst meinte.

Die Nazis und die deutschen Juden

Wir lieben Adolf Hitler, weil wir glauben, tief und unerschütterlich glauben, dass er uns von Gott gesandt ist, Deutschland zu retten.

Reichsmarschall Hermann Göring, von Hitler zu seinem Nachfolger ernannt

Hass, brennenden Hass wollen wir in die Seelen der Millionen unserer Volksgenossen gießen, so lange, bis einst eine Flamme von Zorn in Deutschland aufbrennt, die die Verderber unseres Volkes zur Rache zieht.

Adolf Hitler

Die Nazis gewannen immer mehr Mitglieder und Anhänger. Das lag zunächst einmal am Programm der Partei. In leicht verständlichen Worten erklärte das Programm, wie das deutsche Volk die Niederlage überwinden und seinen Nationalstolz wiedergewinnen könne. Wer war am verlorenen Krieg schuld? Wer war der Hauptfeind des Volks und seiner Lebensweise? Das Programm gab eine einfache Antwort: die Juden.

Es war jedoch vor allem Hitler selbst, der die Menschen anzog. Als Redner besaß er nicht nur die Fähigkeit, komplizierte Zusammenhänge einfach erscheinen zu lassen – das kann jeder gute Politiker –, sondern beherrschte seine Zuhörer wie ein meisterhafter Puppenspieler, der an unsichtbaren Fäden zieht. Sie lachten, weinten, wurden wütend, sprangen auf, brüllten – sie machten alles, was der Mann mit dem durchdringenden Blick und dem Oberlippenbärtchen von ihnen verlangte.

Heute kann man sich das kaum vorstellen. Wenn man

sich heute Aufnahmen seiner Reden anhört, klingt der Mann wie ein Halbverrückter, der zu laut und zu schnell herumbrüllt. Aber damals erzielte er eine wahrhaft erstaunliche Wirkung.

Er stellte sich als den Mann dar, der als Einziger die Lösung aller Fragen wusste, als den auserwählten Führer Deutschlands. In ihm sahen die einfachen Menschen aber auch einen Mann aus dem Volk, einen Menschen, der zu ihnen gehörte. Das folgende Zitat gibt eine Vorstellung davon, wie Hitler damals auf die Masse der Deutschen wirkte. Es sind die Worte des SA-Obersturmführers Georg Zeidler, der 1931 Parteimitglied wurde:

«Hitler, Du bist unser Mann, Du redest als Frontsoldat und Mensch, Du kennst den Betrieb, Du warst selbst Arbeiter, Du hast im Schlamassel gelegen wie wir, nicht als hohes Tier – nein, wie wir, als unbekannter Soldat –, Du setzt Dich mit Deiner ganzen Persönlichkeit, mit Deinem ganzen heißen Herzen für den deutschen Menschen ein, Du willst das Beste für Deutschland, nicht weil Du Nutzen davon hast, weil Du etwas für Dich willst – nein, weil Du nicht anders kannst, weil Du so handeln musst als anständiger und ehrlicher Mensch aus innerster Überzeugung. Wer Hitler einmal ins Auge gesehen hat und wer ihn einmal gehört hat, kommt nicht wieder von ihm los.»

Hitler an der Macht

Im Lauf der Zeit gewann die NSDAP bei den Wahlen so viele Stimmen, dass die regierenden Parteien sie ernst nehmen mussten und ihr eine Beteiligung an der Macht anboten. In den Augen der damals tonangebenden Politiker waren die Nazis eine Partei wie jede andere. In dem Glauben, sie könnten die Partei unter Kontrolle halten, machten sie Hitler am 30. Januar 1933 zum Reichskanzler.

Sie irrten sich. Innerhalb von achtzehn Monaten riss Hitler die absolute Macht an sich. Die Nazis wurden alleinige Herren des Landes.

Wahrscheinlich stand Hitler sein Ziel, die Juden auszurotten, von Anfang an klar vor Augen. Aber dieses Ziel konnte nicht auf einmal erreicht werden, und auch die notwendigen Schritte zur Vorbereitung mussten heimlich unternommen werden. Wenn die Nazis ihre Absichten durchsetzen wollten, und dazu gehörte auf jeden Fall, Deutschlands Juden loszuwerden, mussten sie zunächst das Land völlig unter ihre Kontrolle bringen. Dabei stand ihnen allerdings etwas im Weg – das Gesetz.

Wie jedes andere zivilisierte Land hatte Deutschland eine Verfassung und Gesetze zum Schutz der Rechte seiner Bürger. Sobald Hitler zum Reichskanzler ernannt worden war, gingen die Nazis also daran, die Gesetze zu ändern, um auf rechtlichem Wege ihre totale Herrschaft über Deutschland zu errichten.

Keine vier Wochen nach Hitlers Ernennung zum Kanzler wurde die Macht der Nazis durch die Notstandsverordnung «zum Schutz von Volk und Staat» bedeutend erweitert. Alle Bürgerrechte – die Redefreiheit und die Pressefreiheit, das Versammlungsrecht und das Briefgeheimnis – wurden außer Kraft gesetzt. Dadurch konnte die Regierung Hitlers mit den Menschen, die ihre Politik ablehnten, mehr oder weniger nach Belieben verfahren. Die Verordnung bedeutete bereits das Ende jeder offenen Opposition gegen die Nazis.

Einen Monat darauf kam schon das so genannte Ermächtigungsgesetz «zur Behebung der Not von Volk und
Staat». Unter dem Vorwand, ein Not leidendes Land wieder auf die Beine zu bringen, wurde die Regierung er-
mächtigt, nach Belieben Gesetze zu verabschieden, Verordnungen zu erlassen und in ihrem Handeln auch gegen
die Verfassung zu verstoßen, wenn sie es für nötig hielt.
Das Ermächtigungsgesetz gab Hitler die rechtliche
Grundlage für seine Diktatur. Von da an brauchten die
Nazis weder auf bestehende Gesetze noch auf die Rechte
der Bürger Rücksicht zu nehmen.

Es wurde sofort möglich, Gegner des Regimes in

**Innerhalb der Hitlerjugend waren die Mädchen bis 14 Jahre im Jung-
mädelbund, die älteren im Bund Deutscher Mädel (BDM) organisiert,
um sie auf ihre Rolle als deutsche Mütter und Frauen vorzubereiten.
Die BDM-Mädchen hier grüßen beim Hissen der Hakenkreuzfahne.**

«Schutzhaft» zu nehmen oder zur «Vorbeugung» einzusperren. Um solche Menschen aufzunehmen, wurde in Dachau das erste Konzentrationslager errichtet. Weder Anklageschrift noch Haftbefehl waren zur Verhaftung nötig, geschweige denn richtiges Beweismaterial. Manche Opfer wurden bereits «wegen Widerstands gegen die Festnahme» getötet, andere angeblich «auf der Flucht erschossen». Nicht nur bekannte Gegner des Regimes wurden verhaftet; oft reichte auch schon der Verdacht, mit der Regierung nicht einverstanden zu sein, oder der Fingerzeig eines Nachbarn, der irgendeine alte Rechnung begleichen wollte, um von der Gestapo «abgeholt» zu werden.

Unter den Abgeholten waren auch viele deutsche Juden, denn für die fanatischen Nationalsozialisten konnten jüdische Deutsche keine Deutschen sein; sie waren eben Juden – und damit automatisch «Staatsfeinde und Volksfeinde».

Als neue Herren des Landes entfachten die Nazis den Antisemitismus in ganz Deutschland. Überall wurden jüdische Deutsche angepöbelt und zusammengeschlagen, in einigen Fällen auch getötet. Jüdische Geschäfte und Läden wurden aufgebrochen und geplündert. Als diese Vorfälle Hermann Göring gemeldet wurden, sagte er: «Ich werde die Polizei rücksichtslos einsetzen, wo man das deutsche Volk zu schädigen weiß. Aber ich lehne es ab, dass die Polizei eine Schutztruppe jüdischer Warenhäuser ist.» Nicht einmal drei Monate nach Hitlers «Machtergreifung» galten in Deutschland Recht und Gesetz nichts mehr – herrschte Gesetzlosigkeit unter dem Namen von Recht und Gesetz.

Dem Ausland blieben diese Ereignisse nicht verborgen. Die Reaktion war in der Regel äußerst kritisch. Als die Übergriffe gegen Juden immer mehr zunahmen, riefen jüdische Kriegsveteranen und kleinere Organisationen, vor allem in den Vereinigten Staaten von Amerika, zum Boykott deutscher Waren auf. Die Weigerung einzelner Menschen und einiger Firmen, Waren *made in Germany* zu kaufen, hatte keine große Wirkung. Nicht einmal die größeren jüdischen Organisationen des Auslands schlossen sich dem Boykottaufruf an. Aber den Nazis kam der Boykottaufruf gerade recht.

Der Boykott

Die Nazis nahmen einfach nicht zur Kenntnis, dass der Antisemitismus in Deutschland die weltweite Empörung hervorgerufen hatte. Nein, schuld daran war ihrer Meinung nach das «internationale Judentum», das «Gräuelpropaganda» über die Lage der Juden in Deutschland verbreite. Hitler rief nun umgekehrt zu einem Boykott jüdischer Geschäfte in Deutschland auf. Joseph Goebbels, Herr über Presse, Rundfunk und Propaganda im Dritten Reich, kommentierte den Boykott wie folgt: «Vielleicht werden sich dann die ausländischen Juden eines Besseren besinnen, wenn es ihren Rassegenossen in Deutschland an den Kragen geht.»

Der Boykott wurde sorgfältig vorbereitet und breit angekündigt. Im ganzen Land wurden Plakate geklebt, Anzeigen in die Zeitungen gesetzt und Demonstrationen organisiert unter Losungen wie: «Deutsche! Wehrt Euch! Kauft nicht bei Juden!» Oder: «Wer beim Juden kauft, ist ein Volksverräter!»

38

Am 1. April 1933 wurde der Boykott durchgeführt. Vor jedem jüdischen Geschäft waren zwei schwarz uniformierte SS-Männer und zwei Braunhemden von der SA postiert. Auf die Schaufenster war das Wort «Jude» oder die bei den Nazis sehr beliebte Losung «Juda verrecke!» gepinselt worden.

Der Boykott dauerte einen Tag. In der ganzen Welt erregte er großes Aufsehen. Im Ausland waren die Reaktionen durchweg negativ. Innerhalb Deutschlands hatte er vor allem zur Folge, dass die deutschen Juden noch mehr Angst bekamen und dass die antisemitische Stimmung

Der Boykott jüdischer Geschäfte am 1. April 1933 dauerte zwar nur einen Tag, doch hatte er zur Folge, dass die Gewalt gegenüber Juden zunahm.

im ganzen Land noch mehr angeheizt wurde. In zunehmendem Maße wurden jüdische Deutsche von ihren Nachbarn angepöbelt oder misshandelt, wurden ihre Geschäfte, Büros, Wohnungen und Synagogen Ziel wütender Angriffe. Bereits eine Woche nach dem Boykott wurde das erste antijüdische Gesetz verkündet. Es hieß «Gesetz zur Wiederherstellung des Berufsbeamtentums», der wichtigste Teil war aber der so genannte «Arierparagraph», der bestimmte, dass alle «Nichtarier» aus dem öffentlichen Dienst zu entfernen seien. «Als nichtarisch gilt, wer von nichtarischen, insbesondere jüdischen Eltern oder Großeltern abstammt. Es genügt, wenn ein Elternteil oder ein Großelternteil nichtarisch ist», hieß es in der Durchführungsverordnung, die den Beamten erklärte, wie sie bei der Entfernung ihrer Kollegen vorgehen sollten.

Bis zum Jahresende wurden für fast alle Berufszweige antijüdische Gesetze und Bestimmungen erlassen und gnadenlos durchgeführt.

Juden wurde die Arbeit am Theater und beim Film, in der Kunst und der Musik verwehrt. Sie durften nicht als Rechtsanwälte vor deutschen Gerichten auftreten. Jüdische Ärzte und Zahnärzte wurden aus deutschen Krankenhäusern und medizinischen Einrichtungen verjagt, jüdische Journalisten bei Zeitungen und Zeitschriften gefeuert, jüdische Lehrer aus Schulen und Universitäten entfernt.

Hitler behauptete, die Juden hätten Deutschland vor seiner Machtergreifung beherrscht, und diese Behauptung wurde von den Nazis endlos wiederholt. Anscheinend glaubten ihnen die Deutschen aufs Wort. Oft warteten sie nicht einmal einen Befehl des Führers ab, um

40

jüdische Kollegen von ihren Arbeitsplätzen zu verjagen oder aus ihren Vereinen zu entfernen.

Die Wahrheit sah natürlich anders aus. Juden stellten weniger als ein Prozent der deutschen Bevölkerung dar. Unter den wirklich mächtigen Männern in der Politik, der Industrie oder dem Militär gab es nur wenige Juden. Aber wer interessierte sich schon für die Wahrheit?

Von klein auf wurde Kindern beigebracht, sich nicht mit «den bösen Juden» einzulassen. «Juden raus!» war ein damals weit verbreitetes Würfelspiel. Wer es schaffte, sechs Juden aus ihren Häusern und Geschäften (die Kreise) zu vertreiben und nach Palästina zu schicken, hatte gewonnen. 1938, als die Nazipolitik noch die Zwangsemigration der Juden zum Ziel hatte, wurde dieses Spiel über eine Million Mal verkauft.

Das antisemitische Fieber breitete sich weiter aus. Am 1. Mai 1933 beschlossen die Studenten der Berliner Universität, eine Demonstration «wider den undeutschen Geist» durchzuführen. Sie sammelten die Werke «unerwünschter» Schriftsteller ein und warfen sie auf einen großen Scheiterhaufen. Zu diesen in Deutschland unerwünschten Büchern gehörten die wissenschaftlichen Schriften von Albert Einstein und Sigmund Freud, die Romane von Thomas und Heinrich Mann, die Theaterstücke von Bertolt Brecht und Carl Zuckmayer, die Gedichte von Ricarda Huch und Heinrich Heine und viele andere Werke, die den «deutschen Geist» in der ganzen Welt berühmt gemacht hatten.

Joseph Goebbels hielt eine Rede bei der Bücherverbrennung: «Das Zeitalter eines überspitzten jüdischen Intellektualismus ist nun zu Ende», schrie er, «umleuchtet von dieser Flamme soll unser Schwur sein: Das Reich und die Nation und unser Führer Adolf Hitler – Heil! Heil! Heil!»

Allein die Berliner Studenten verbrannten 20 000 Bücher. In ganz Deutschland wurden Werke des «undeutschen Geistes» aus Leihbüchereien entfernt. Über ein Drittel aller deutschen Bibliotheksbücher wurden bis zum Ende des Naziterrors vernichtet.

Als ahnte er die Zukunft voraus, hatte Heinrich Heine hundert Jahre zuvor geschrieben: «Das war ein Vorspiel nur, dort wo man Bücher verbrennt, verbrennt man auch am Ende Menschen.»

Die Nürnberger Gesetze

Im Laufe der nächsten Jahre festigte Hitler seine Macht, oft indem er diejenigen, die ihm im Wege waren, einfach ermorden ließ. Es gab weiterhin gewalttätige Übergriffe auf deutsche Juden und jüdisches Eigentum, aber eine Zeit lang erließ die Regierung keine neuen antijüdischen Verordnungen.

Wer aber geglaubt hatte, das Schlimmste sei damit vorbei, musste diese Hoffnung am 15. September 1935 begraben. An diesem Tag wurden die Nürnberger Gesetze verabschiedet: das so genannte «Gesetz zum Schutz des deutschen Blutes und der deutschen Ehre» und das «Reichsbürgergesetz».

Das «Gesetz zum Schutz des deutschen Blutes und der deutschen Ehre» bestimmte unter anderem:

«Eheschließungen zwischen Juden und Staatsangehörigen deutschen oder artverwandten Blutes sind verboten. Trotzdem geschlossene Ehen sind nichtig, auch wenn sie zur Umgehung dieses Gesetzes im Ausland geschlossen sind.»

«Außerehelicher Verkehr zwischen Juden und Staatsangehörigen deutschen oder artverwandten Blutes ist verboten …»

«Juden dürfen weibliche Staatsangehörige deutschen oder artverwandten Blutes unter 45 Jahren nicht in ihrem Haushalt beschäftigen.»

«Juden ist das Hissen der Reichs- und Nationalflagge und das Zeigen der Reichsfarben verboten.»

Und nun das «Reichsbürgergesetz»:

«Reichsbürger ist nur der Staatsangehörige deutschen oder artverwandten Blutes, der durch sein Verhalten beweist, dass er gewillt und geeignet ist, in Treue dem Deutschen Volk und Reich zu dienen …»

Der Reichsbürger ist «alleiniger Träger der vollen politischen Rechte».

Um jede Unklarheit zu beseitigen, erschienen bald Ausführungsvorschriften: «Ein Jude kann nicht Reichsbürger sein; er hat kein Stimmrecht in politischen Angelegenheiten und kann ein öffentliches Amt nicht bekleiden.»

Als Jude galt nach diesen Gesetzen, «wer von mindestens drei der Rasse nach volljüdischen Großeltern» abstammte oder sich selbst als Jude betrachtete. (Später galten «Mischlinge ersten Grades» mit nur einem jüdischen Elternteil auch als «rassenmäßige» Juden, wenn sie zum Beispiel der jüdischen Religionsgemeinschaft angehörten, mit einem jüdischen Menschen verheiratet oder unehelich geboren waren.)

Schilder wie dieses wurden an Stadt- und Dorfeingängen in ganz Deutschland aufgestellt.

Nach den Nürnberger Gesetzen waren die Juden so gut wie rechtlos. Sie standen außerhalb der Gesellschaft. Am Ortseingang von Städten und Dörfern konnte man Schilder lesen mit Aufschriften wie: DIE JUDEN SIND UNSER UNGLÜCK oder JUDEN SIND IN DIESER ORTSCHAFT NICHT ERWÜNSCHT. Damit sich solche Städte mit der Bezeichnung «judenrein» brüsten

44

konnten, vertrieb man Menschen, deren Familien seit Generationen dort gelebt hatten. In Cafés und Restaurants wurden Schilder angebracht: EINTRITT FÜR JUDEN UND HUNDE VERBOTEN. Parkbänke wurden NUR FÜR ARIER reserviert. Ein jüdischer Arzt, der sein eigenes Blut gespendet hatte, um das Leben eines «arischen» Patienten zu retten, erhielt eine Strafe von siebzehn Monaten Konzentrationslager wegen Verunreinigung des deutschen Bluts beziehungsweise «Rassenschande».

Deutsche Behörden und Banken planten bereits die «Arisierung» jüdischen Eigentums: Grundstücke, Häuser und Firmen mussten an Nichtjuden unter Wert verkauft oder geschenkt werden.

Hatte ein Jude keinen erkennbar «jüdischen» Namen, mussten Frauen den zusätzlichen Vornamen «Sarah» annehmen, Männer den Zusatznamen «Israel». Die Regierung veröffentlichte eine Liste von über einhundert «eindeutig jüdischen» Namen. Dazu gehörten Namen wie Menachem, Isidor, Baruch, Ziporah, Chana, Beine.

Alle Personalausweise und Pässe von Juden erhielten den Stempelaufdruck «J» oder «Jude».

Das Novemberpogrom (Die «Reichskristallnacht»)

Im Jahre 1938 wurden siebzehntausend Juden mit polnischer Staatsangehörigkeit zusammengetrieben, aus Deutschland ausgewiesen und jenseits der Grenze zu Polen ausgesetzt. Zunächst weigerten sich die polnischen Behörden, diese Menschen aufzunehmen, und die Deutschen waren nicht bereit, sie zurückzunehmen.

Tausende saßen in der kleinen polnischen Grenzstadt Zbaszyn fest, wo sie wochenlang in völlig verdreckten Stallgebäuden ausharren mussten, bis die polnische Regierung nachgab. Unter diesen Menschen befanden sich die Eltern des siebzehnjährigen Herschel Grynszpan, der in Paris studierte. In seiner Wut und Trauer griff er zur Waffe und erschoss einen Beamten der Deutschen Botschaft in Paris.

Diese Verzweiflungstat benutzten die Nazis als Vorwand, um ein gewaltiges Pogrom gegen die Juden zu entfachen. Es fand in der Nacht vom 9. zum 10. November 1938 statt. Wegen der vielen Glasscherben von den zertrümmerten Schaufenstern jüdischer Geschäfte und den zersplitterten Fenstern jüdischer Wohnungen, mit denen am Morgen des 10. November die Bürgersteige in ganz Deutschland übersät waren, sprach man von der «Reichskristallnacht» oder der Nacht der Glasscherben.

Die Ereignisse sollten nach dem Willen der Nazis als spontaner Ausbruch des «Volkszorns gegen die Mordtaten der Juden» erscheinen. Aber das Pogrom wurde von ihnen sorgfältig vorbereitet. Vor den Ausschreitungen wurden an alle Gestapo- und Polizeidienststellen Weisungen geschickt:

«Es werden in kürzester Frist in ganz Deutschland Aktionen gegen Juden, insbesondere gegen deren Synagogen, stattfinden. Sie sind nicht zu stören.»

Die Staatspolizei und der Sicherheitsdienst hatten darauf zu achten, dass «nur solche Maßnahmen getroffen werden, die keine Gefährdung deutschen Lebens oder Eigentums mit sich bringen».

Das Schreiben an die SA-Gruppe in Mannheim überließ nichts dem Zufall oder der Fantasie:

«Auf Befehl des Gruppenführers sind sofort … sämtliche jüdischen Synagogen zu sprengen oder in Brand zu setzen. Nebenhäuser, die von arischer Bevölkerung bewohnt werden, dürfen nicht beschädigt werden. Die Aktion ist in Zivil auszuführen.» Der Befehl schloss mit dem Hinweis: «Vollzugsmeldung bis 8.30 Uhr …»

91 Juden wurden getötet. Wie viele Juden sich lieber umbrachten, als ihren Peinigern in die Hände zu fallen, ist unbekannt. Über 30 000 jüdische Männer wurden in die Konzentrationslager geschickt – fast ein Zehntel der in Deutschland übrig gebliebenen Juden. Mindestens 191 Synagogen brannten nieder oder wurden verwüstet. Die Nazis selbst zählten am Tag danach außerdem 815 Geschäfte, 29 Warenhäuser und 171 Wohnhäuser, die «in Brand gesetzt oder sonstwie zerstört» wurden. Sie wussten aber: «Die angegebenen Ziffern dürften um ein Vielfaches überstiegen werden.»

Göring, Goebbels und weitere hochrangige Naziführer trafen sich nach der Aktion, um die weiteren Schritte zu besprechen. Das Ergebnis: die Juden mussten die entstandenen Schäden selbst beseitigen und die Kosten dafür selbst tragen. Sollten sie Geld von einer Versicherung erhalten, mussten sie es «dem Reich» spenden. Und schließlich sollten die deutschen Juden eine «Kontribution» von einer Milliarde Reichsmark aufbringen. Dieses Geld müssten sie «als Strafe für ihre ruchlosen Verbrechen» gegen das deutsche Volk zahlen, hieß es.

Die Nazis waren aber noch lange nicht mit den Juden fertig. Ein antijüdisches Gesetz nach dem anderen wurde verabschiedet. Juden mussten alle ihre Wertsachen und ihren privaten Schmuck bei den Behörden abliefern. Sie durften kein Radio haben, nicht telefonieren, keine

Haustiere halten, nicht zum Friseur oder ins Schwimm-
bad gehen. Jüdische Kinder durften keine staatlichen
Schulen besuchen.

Am 1. September 1941 wurde es allen Juden vom
sechsten Lebensjahr an «verboten, sich in der Öffentlichkeit ohne einen Judenstern zu zeigen». Zum ersten Mal
seit dem Mittelalter wurde in der zivilisierten Welt ein
Judenabzeichen als Schandmal eingeführt. Im Oktober
1941 wurde das Auswanderungsverbot für Juden verfügt.
Jetzt durften sie Deutschland nicht mehr verlassen. Sie
saßen in der Falle.

Warum sind sie geblieben?

Als Hitler 1933 an die Macht kam, lebten knapp 500000
Juden in Deutschland. Die Nazis wollten alle diese Menschen loswerden. Sie wollten ein «judenfreies» Land. Bis
1939 wanderten mehr als 300000 aus. Doch 1941 lebten
immer noch 164000 Juden in Deutschland.

Warum sind sie geblieben? Warum sind nicht noch
mehr ausgewandert? Warum zögerten viele von ihnen so
lange, bis es zum Fliehen zu spät war? Es gibt viele
Gründe, und diese Gründe sind kompliziert.

Der wichtigste Grund ist dieser: Deutschland war
ihre Heimat. Sie fühlten sich als Deutsche – sie waren
Deutsche. Seit sechzehn Jahrhunderten hatten Juden in
Deutschland gelebt – länger als manche Germanen-
stämme. In der Kunst, der Musik, der Literatur und der
Philosophie, in der Geschäfts- und Finanzwelt und in der
Arbeiterbewegung, als Naturwissenschaftler, Mediziner
und Juristen hatten deutsche Juden Großes geleistet. Für

Während der so genannten «Reichskristallnacht» wurden die Schaufenster jüdischer Geschäfte in ganz Deutschland eingeschlagen, die Läden geplündert und verwüstet, jüdische Deutsche misshandelt und ihre Synagogen in Brand gesteckt.

Deutschland waren sie in den Krieg gezogen – und waren für ihr Vaterland gefallen. Vielleicht noch mehr als die Juden in irgendeinem anderen Land der Erde fühlten sich gerade die deutschen Juden unlösbar mit Deutschland verbunden. Viele von ihnen waren «deutscher als die Deutschen» – und waren stolz darauf.

Hinzu kam, dass die deutschen Juden ihre Heimat für ein hoch zivilisiertes Land hielten, und das war es ja auch. Aus kaum einem anderen Land stammten damals so viele weltberühmte Gelehrte, Wissenschaftler, Schriftsteller und Künstler wie aus Deutschland. Die Deutschen hielten etwas auf «Recht und Ordnung». Auch deshalb täuschten sich viele deutsche Juden über das wahre Endziel der Nazis. Wenn nach einem antijüdischen Gesetz einige Monate lang kein weiteres Gesetz gegen Juden erlassen wurde, wiegten sich diese Menschen in einem trügerischen Gefühl der Sicherheit. Und wenn dann die nächste antisemitische Maßnahme kam, beruhigten sie sich mit dem Gedanken, das Schlimmste sei nun endgültig erreicht, schlimmer könne es einfach nicht mehr kommen. Sie ließen sich täuschen, weil sie sich das Allerschlimmste, das ihnen noch bevorstand – die «Endlösung» –, einfach nicht vorstellen konnten. Kein zivilisierter Mensch auf der ganzen Welt konnte sich das vorstellen.

Auch wer bereit war, Deutschland zu verlassen, musste doch auf andere Rücksicht nehmen – auf Familienmitglieder zum Beispiel, die nicht ausreisen konnten oder wollten.

Wer sich schließlich dazu durchgerungen hatte, seine Heimat zu verlassen, musste eine so genannte «Reichsfluchtsteuer» bezahlen, sein Eigentum zurücklassen und

50

durfte nur ganz wenig an persönlicher Habe mitnehmen. Die Flüchtlinge mussten also alles aufgeben, wofür sie ein Leben lang gearbeitet hatten. Sie gingen mit leeren Händen und mussten woanders ganz von vorn anfangen. Und es ist nie einfach, noch einmal ganz von vorne anzufangen. Als arme Asylsuchende würden sie es in jedem Land schwer haben, besonders aber dort, wo sie die Sprache nicht beherrschten und vielleicht nicht einmal in ihrem erlernten Beruf arbeiten dürften. Wovon sollten sie leben, bis sie die neue Sprache gelernt hatten? Wie würde das Leben in der Fremde für sie und ihre Kinder aussehen? Was war das für eine Zukunft?

Weggehen hieß alles verlieren, was ihnen lieb und teuer war. Deutschland war ihr Vaterland. Hier waren sie zu Hause.

In Deutschland aber ließ man sie nicht leben, wie sie es für richtig hielten. Und bald ließ man sie nicht einmal mehr leben.

Im Ghetto

Sie werden sich noch erinnern an die Reichstagssitzung, in der ich erklärte: Wenn das Judentum sich etwa einbildet, einen internationalen Weltkrieg zur Ausrottung der europäischen Rassen herbeiführen zu können, so wird das Ergebnis nicht die Ausrottung der europäischen Rassen, sondern die Ausrottung des Judentums sein. Sie haben mich immer als Propheten ausgelacht. Von denen, die damals lachten, lachen unzählige nicht mehr. Die jetzt noch lachen, werden in einiger Zeit vielleicht auch nicht mehr lachen. Diese Welle wird sich über Europa hinaus über die ganze Welt verbreiten.

Adolf Hitler vor dem Reichstag, 8. November 1942

Der Zweite Weltkrieg begann am 1. September 1939 mit dem Überfall Deutschlands auf Polen. Großbritannien und Frankreich erklärten daraufhin Deutschland den Krieg. Nach einem knappen Monat musste Polen aufgeben.

Die Juden in Osteuropa

In Polen hatten Juden mindestens seit dem 10. Jahrhundert gelebt. Die Lebensweise der Juden Polens und Osteuropas unterschied sich sehr stark von den Lebensverhältnissen der Juden in Deutschland und Westeuropa.

Im Westen lebten die Juden fast ausschließlich in Städten, bildeten einen relativ kleinen Teil der Gesamtbevölkerung und waren mehr oder weniger in die jeweilige Gesellschaft integriert. Sie unterschieden sich weder in ihrem Aussehen noch in ihrem Verhalten von den anderen Menschen dieser Länder, und sie sprachen die gleiche Sprache.

Im Osten war es anders. Zwar lebte auch hier die Mehrheit der Juden in den größeren Städten, aber ein sehr großer Rest – sehr viel mehr als im Westen – lebte auf dem Land in unzähligen Kleinstädten und Dörfern. Die Juden bildeten hier auch einen viel größeren Anteil an der Bevölkerung, in manchen Gegenden bis zu 30 Prozent. Sowohl in den Städten als auch auf den Dörfern lebten sie als eine von der Bevölkerungsmehrheit getrennte und leicht erkennbare Gemeinschaft. Manche Dörfer waren ganz und gar jüdisch; in anderen Dörfern und in den Städten gab es besondere jüdische Viertel.

Diese osteuropäischen Juden waren Lehrer, Händler, Schuhmacher, Musiker, Geschäftsleute, sie waren Mütter, Väter, Kinder – nicht anders als andere Leute auch. Viele waren außerordentlich fromm und verbrachten viel Zeit mit dem Studium religiöser Texte. Die Religion bestimmte ihren Lebensrhythmus, ihr Verhalten und sogar ihre Kleidung. Die Männer trugen lange Mäntel und Hüte, hatten Bärte und lange Schläfenlocken. Unter sich sprachen sie ihre eigene Sprache: Jiddisch. In den kleineren Städten konnten viele von ihnen nicht einmal Polnisch oder Russisch.

Durch ihre Sprache, Sitten und Gebräuche sowie ihre Kleidung unterschieden sich diese Juden also von der Bevölkerung, in deren Mitte sie lebten. Ihre Kultur war reich, vielfältig, pulsierend, lebendig. Man hat gesagt, dass die osteuropäischen Juden die schöpferische Quelle, das Herz und die Seele des Judentums in aller Welt darstellten. Dieses Leben wurde von den Nazis endgültig ausgelöscht.

Die Nazis in Osteuropa

Es gab wahrscheinlich drei Hauptgründe dafür, dass die Nazis gerade in Polen und den anderen besetzten Gebieten Osteuropas die Ghettos einrichteten, mit den Massenmorden begannen und schließlich die meisten Konzentrationslager und sogar alle Vernichtungslager dort bauten.

Erstens natürlich, weil der Großteil der europäischen Juden im Osten lebte: weit über sechs Millionen.

Zweitens, weil es sich um eine riesige Landmasse handelte. Außerhalb der Städte war das Land dünn besiedelt, trennten große Waldgebiete die einzelnen Dörfer voneinander. Die Kommunikationsmittel waren nach heutigen Maßstäben einfach, geradezu primitiv, denn es gab auf dem Land so gut wie keine Telefone oder Radios und nur selten Tageszeitungen. Das kam den Deutschen zugute, denn so konnten sie ihre Opfer überraschen und hatten deshalb nur geringen Widerstand zu erwarten. Die Weite und Leere des Landes ermöglichte den Deutschen außerdem ein gewisses Maß an Geheimhaltung. Denn sie wollten das, was sie mit den Juden vorhatten, auch vor dem Rest der Welt geheim halten. Das ist ihnen allerdings nicht ganz gelungen.

Drittens hatte der Antisemitismus in Osteuropa eine gewisse Tradition. Die letzten groß angelegten Pogrome waren erst zwanzig Jahre her. Immer wieder gab es hier und dort antisemitische Zwischenfälle. Diese judenfeindliche Stimmung wollten die Nazis so stark wie möglich für ihre Zwecke ausnutzen.

Nachdem Polen kapituliert hatte, wurden Teile des Landes abgetrennt und dem Reich einverleibt. Das große

Gebiet Mittel- und Südpolens wurde völlig unter deutsche Kontrolle gestellt. Hier hatte vor allem die SS das Sagen. Das von Nazideutschland besetzte Polen nannten die Besatzer das *Generalgouvernement*.

Jüdische Firmen und Geschäfte wurden «arisiert». Juden wurden aus ihren Berufen, aus Schulen und Hochschulen gejagt, durften Parks, Theater und Büchereien nicht betreten, mussten den gelben Stern tragen. Alle in Deutschland verabschiedeten antijüdischen Gesetze wurden auch hier in Kraft gesetzt. Doch für die polnischen Juden schienen die Deutschen eine besonders brutale Behandlung vorgesehen zu haben.

Plünderungen, Vandalismus, sadistische Quälereien, Folter und Mord begannen unmittelbar nach dem deutschen Einmarsch. Manchmal richtete sich die Brutalität gegen die Religion, wenn etwa ein Rabbiner gezwungen wurde, auf die Thora – die von allen Juden verehrten Rollen mit der Heiligen Schrift – zu spucken. Oder wenn man eine Gruppe von Juden auf Händen und Knien im Wettlauf durch die Synagoge trieb und die «Gewinner» einzeln erschoss, als sie ins Freie krochen. Deutsche Soldaten schnitten frommen Juden die Bärte mit ihren Bajonetten ab oder rissen sie ihnen aus. Andere Quälereien hatten nichts mit der Religion zu tun. Juden wurden von der Straße weg verhaftet und als Zwangsarbeiter eingesetzt, um Bäume zu fällen oder Gräben auszuheben. Viele von ihnen sah man nie wieder. Deutsche Soldaten machten «medizinische Untersuchungen» bei jüdischen Frauen, angeblich auf der Suche nach «versteckten Wertsachen». Oder sie benutzten Juden als lebende Zielscheiben.

In den ersten beiden Monaten nach der deutschen Besetzung Polens wurden fünftausend Juden ermordet.

Die Einrichtung der Ghettos

Reinhard Heydrich war Chef des Reichssicherheitshauptamts. Am 21. September 1939 schrieb er die Direktive «Betrifft: Judenfrage im besetzten Gebiet». Darin wurde die «Konzentrierung der Juden vom Lande in die größeren Städte» angeordnet. In diesen Städten, hauptsächlich im Generalgouvernement, wurden abgetrennte Wohngebiete für die Juden eingerichtet. Das waren die Ghettos.

Die Juden mussten die deutsche Baufirma bezahlen, die die Mauer um das Ghetto errichtete. Um das Hinausklettern zu verhindern, ließ man spitze Glasscherben in den Mörtelputz ein.

Aus ihren Häusern und Wohnungen, aus Städten und Dörfern, in denen ihre Vorfahren seit Generationen gelebt hatten, wurden die Juden in die Ghettos getrieben. Einige marschierten zu Fuß, andere wurden in Viehwagen transportiert. Ihre wenigen Habseligkeiten, jämmerliche Erinnerungsstücke an ein vergangenes Leben, trugen sie bei sich. Viele starben unterwegs vor Hunger oder Erschöpfung. Viele wurden getötet.

Das erste Ghetto wurde in der polnischen Stadt Lodz geschaffen. Aus dem Befehl zu seiner Einrichtung ging eindeutig hervor, dass die Ghettobildung nur ein Schritt auf dem Weg zum Endziel der Nazis sein würde. SS-Brigadegeneral Friedrich Uebelhör schrieb nämlich: «Die

56

Erstellung des Ghettos ist selbstverständlich nur eine Übergangsmaßnahme. Zu welchen Zeitpunkten und mit welchen Mitteln das Ghetto und damit die Stadt Lodsch von Juden gesäubert wird, behalte ich mir vor. Endziel muss jedenfalls sein, dass wir diese Pestbeule restlos ausbrennen.»

Dieses «Endziel» befand sich noch im Planungszustand. Bis die Nazis ihre Vorbereitungen dafür abgeschlossen hatten, hielten sie die Juden erst einmal in den Ghettos gefangen.

Die Ghettos wurden in den ältesten und verkommensten Stadtvierteln eingerichtet. Die Gebäude waren heruntergekommen, oft sogar einsturzgefährdet. Wenn es dort überhaupt fließendes Wasser und vernünftige Toiletten gab, dann nicht für lange Zeit, denn durch die Überbelegung der Wohnungen gingen alle sanitären Einrichtungen rasch kaputt.

Das Ghetto in Lodz hatte eine Fläche von knapp vier Quadratkilometern. Hier lebten anfangs über 150 000 Juden. Sieben bis acht Menschen mussten sich ein Zimmer teilen.

Das Ghetto Nummer 1 von Wilna (heute Vilnius) in Litauen umfasste nur fünf Straßenzüge. Hier lebten über 25 000 Menschen in zweiundsiebzig Gebäuden so dicht gedrängt, dass der Platz, der für jeden Menschen übrig blieb, nicht viel länger als zwei Meter und «schmal wie das Grab» war.

Das Warschauer Ghetto war nur wenig größer als das von Lodz. Hier lebten bis zum Beginn der Deportationen an die 600 000 Juden. (Zum Vergleich: in der Stadt Frankfurt am Main leben etwas mehr als 600 000 Einwohner auf einer Fläche von 248 Quadratkilometern.) Acht bis zehn Menschen wohnten in jedem Raum. Als die Fläche des Ghettos verkleinert wurde, mussten sich bis zu vierzehn Menschen ein Zimmer teilen. In den meisten Ghettos waren die Menschen eingeschlossen. Die Ghettos wurden von einem Zaun mit Stacheldraht umgeben, wie in Lodz, oder von einer Mauer, wie in Warschau. Den Bau dieser Mauer durch eine deutsche Firma mussten die eingemauerten Juden selbst bezahlen. In der polnischen Stadt Krakow (Krakau) wurde die Ghettomauer teilweise aus den Grabsteinen eines jüdischen Friedhofs errichtet. Ohne Sondergenehmigung durfte kein Jude das Ghetto verlassen. Nichtjuden durften das Ghetto ohne Passierschein nicht betreten. Auf unerlaubtes Verlassen des Ghettos stand die Todesstrafe, die oft an Ort und Stelle durch Erschießen vollstreckt wurde.

Die Oberaufsicht und damit die Entscheidungsgewalt über die Ghettos lag bei den Deutschen. Auf ihren Befehl hin wurden jedoch in jedem Ghetto führende Männer ausgesucht, die den so genannten Judenrat bildeten. Diese zwölf – in größeren Ghettos vierundzwanzig – Männer mussten die innere Verwaltung des Ghettos übernehmen. Sie waren für Fragen der Gesundheit, der Wohnungsbeschaffung und der öffentlichen Ordnung zuständig. Die Judenräte betrieben Krankenhäuser und Suppenküchen, verteilten die Nahrungsmittel und stellten in den größeren Ghettos sogar eine jüdische Polizeitruppe auf. In diesen eingeschlossenen Gefangenenstädten bildeten die Judenräte also die Regierung. Und solange die Ghettos existierten, wurden die Judenräte gezwungen, alle Befehle der deutschen Machthaber im Ghetto durchzusetzen.

Die Juden im Ghetto nutzten jede Gelegenheit zur Arbeit. Sie flickten alte Uniformen und andere Kleidungsstücke, stellten Schuhe aus Holz und Leder her, produzierten Matratzen, Munitionskisten, Körbe, Bürsten und Besen. Ihre besten Kunden waren die Deutschen, allen voran das deutsche Heer. Sie produzierten auch die meisten Dinge, die gebraucht wurden, um das Ghetto funktionsfähig zu erhalten.

Deutsche Firmen, die privaten Geschäftsleuten oder der SS gehörten und die Arbeitskräfte aus dem Ghetto beschäftigten, gab es sowohl innerhalb wie außerhalb der Ghettos. Die Arbeit in einem solchen Betrieb bedeutete zehn bis zwölf Stunden tägliche Schinderei. Aber sie war begehrt, weil man mit einer Arbeitserlaubnis ein wenig Geld und etwas mehr zu essen bekam.

Der Hunger

Es gehörte zur Politik der Nazis, die Juden verhungern zu lassen. Die einem Ghetto zugeteilte Menge an Nahrungsmitteln konnte sich von Woche zu Woche, manchmal von Tag zu Tag ändern. Aber die amtlich festgesetzte Ration für die Juden im Generalgouvernement – «eine Bevölkerung, die keine nennenswerte Arbeit verrichtet», wie die deutschen Behörden behaupteten – war äußerst klein. Zu den besten Zeiten erhielten Menschen ohne Arbeitserlaubnis etwa 1100 Kalorien pro Tag, Arbeiter und Handwerker ein wenig mehr, aber sehr oft war nicht einmal diese Minimalration zu haben. In einer nicht ungewöhnlichen Woche erhielt ein Ghettobewohner folgende Nahrungsmittel:

Fleisch / Fleischprodukte:	nichts
Fett:	70 Gramm
Brot:	1500 Gramm
Kartoffeln:	2000 Gramm

Gegen Ende des Warschauer Ghettos bestand die Monatsration nur noch aus einem Kilo Brot, 250 Gramm Zucker, 100 Gramm Marmelade und 50 Gramm Fett. Das bedeutet eine Ration von ganzen 350 Kalorien pro Tag. Ein erwachsener Mensch, der acht Stunden am Schreibtisch arbeitet, braucht täglich etwa 2000 Kalorien. Ein dreizehnjähriger Junge braucht 3000 Kalorien, ein Baby 1200. Erhält ein Mensch weniger Kalorien, als er braucht, verliert er schnell an Gewicht. Ist ein bestimmter Punkt erreicht, zehrt der Körper an der eigenen Substanz – das Muskelfleisch verschwindet, der Mensch magert vollständig ab. Wenig später tritt der Hungertod ein.

Im Ghetto war der Hunger die größte Qual. Er war immer da. Man konnte ihm nicht entkommen. Er bestimmte das Leben aller Menschen, die innerhalb der Ghettomauern leben mussten. Gerhard Schoenberner, der eines der ersten Bücher über den Holocaust veröffentlichte, schildert die Folgen:

«Hunger heißt das Klagelied der Bettler, die mit ihren obdachlosen Angehörigen auf der Straße sitzen, Hunger ist der Schrei der Mütter, denen die Neugeborenen dahinsterben. Menschen schlagen sich bis aufs Blut wegen einer rohen Kartoffel, Kinder riskieren ihr Leben für eine Hand voll geschmuggelter Rüben, auf die schon eine ganze Familie wartet.»

Wenn das Betteln nichts einbrachte, starben die Menschen auf der Straße. Eine Frau, die man noch morgens beim Betteln gesehen hatte, fand man abends an der gleichen Stelle tot. Passanten deckten die Leichen mit Zeitungspapier zu, bis die Totengräber sie mit einer primitiven Holzkarre abholten.

Die Alten und Kranken litten am meisten und starben als Erste. Und die Kinder – «die zahllosen Kinder, deren Eltern gestorben sind, die nun am Straßenrand hocken. Die Körper sind entsetzlich dünn, die Knochen zeichnen sich unter der gelblichen, pergamentähnlichen Haut ab … Sie kriechen auf allen vieren und stöhnen …»

Der Hunger war mörderisch. Lassen wir die Zahlen sprechen, die die Nazis selbst niedergeschrieben haben. Hier ist eine Auflistung aller Todesfälle im Ghetto wäh-

Die Kinder litten am meisten unter dem Hunger und der Kälte.

rend der ersten acht Monate des Jahres 1941, zusammengestellt von Heinz Auerswald, Kommissar des jüdischen Wohnbezirks in Warschau:

Januar	898
Februar	1023
März	1608
April	2061
Mai	3821
Juni	4290
Juli	5550
August	5560

Unter diesen Toten waren an die 11 000 Hungertote, fast 1500 pro Monat.

Die Kälte

Der Winter ist in Polen kalt – bitterkalt. Im Januar kann das Thermometer in Warschau schon mal minus zwanzig Grad anzeigen. Die Nazis gönnten den Juden bereits kaum etwas zu essen; Heizmaterial kam erst gar nicht in Frage. Ja, sie nahmen den Juden sogar ihre warmen Sachen ab. Alle Schafsfelle und Pelze, selbst gefütterte Handschuhe, mussten abgegeben werden und wurden den Soldaten an der Front oder Zivilisten daheim in Deutschland zugeteilt.

Es fehlte an Heizöl, Kohlen – «schwarzen Perlen» – und Holz. Alles Brennbare verfeuerten die Frierenden, um es wenigstens für einen Augenblick warm zu haben. In Massen schwärmten sie aus, nahmen Wohnungen auseinander, trugen alte Gebäude Stück für Stück ab, rissen Mauern ein, die manchmal unerwartet zusammenstürzten und Verletzte und Tote unter sich begruben.

In Lumpen gewickelt oder in abgetragenen und zerrissenen Kleidungsstücken aus zweiter und dritter Hand, die ihnen zu groß oder zu klein waren, die Hosen und Jacken mit Zeitungspapier gegen die Kälte ausgestopft, hockten sie auf den Straßen zusammen. «Den schrecklichsten Anblick bilden die frierenden Kinder, die barfuß und mit abgerissener Kleidung, die nicht einmal die nackten Knie bedeckt, in den Straßen stumm vor sich hin weinen.»

Ein kleines Mädchen schrieb ins Tagebuch: «Ich habe Hunger. Mir ist kalt. Wenn ich erwachsen bin, will ich eine Deutsche sein, dann werde ich nie mehr hungern oder frieren.»

Die Krankheiten

Geschwächt durch den Hunger, fielen die Ghettobewohner leicht allen möglichen Krankheiten zum Opfer. Die sanitären Anlagen waren selbst für die ursprünglich viel kleinere Bevölkerung unzureichend gewesen; unter dem Druck der auf engstem Raum zusammengepferchten Massen brachen sie völlig zusammen. Im Winter froren die Abwasserrohre ein und platzten. Menschliche Exkremente wurden zusammen mit dem Abfall auf die Straßen getragen, die von den Obdachlosen ohnehin als Toiletten benutzt werden mussten. Es gab kaum Wasser, und Seife war ein schwer aufzutreibender Luxus, den sich nur wenige leisten konnten.

Auch die Menschen, die angeblich an einer «natürlichen Todesursache» starben – an einer Herzkrankheit, an Krebs oder einer Lungenentzündung –, waren in vielen Fällen nur deshalb gestorben, weil sie weder ausreichend Medizin noch genug zu essen, noch eine menschenwürdige Bleibe hatten. Die meisten Menschen wurden jedoch durch den Typhus hinweggerafft. Denn die unhygienischen Zustände im Ghetto, insbesondere die verdreckten und überfüllten Häuser und Straßen, bildeten ein ideales Umfeld für die Übertragung und Ausbreitung dieser Krankheit. 1941 starben im Warschauer Ghetto fast 16000 Menschen an Typhus. Das ist jedenfalls die offizielle Zahl. Der Judenrat hatte allerdings allen Grund, den Deutschen nicht die wirkliche Zahl zu nennen. Der Typhus ist extrem ansteckend, und die Deutschen hatten große Angst vor Epidemien, die auch sie, die «Herrenmenschen», befallen konnten. Immer wieder tauchten Soldaten unangemeldet im Ghetto auf und schleppten die Typhuskranken hinaus. Man sah sie nie wieder. Der Judenrat log die Zahl der Kranken herunter, um wenigstens für einige Menschen Zeit für die Gesundung herauszuschinden. In Wirklichkeit liegt die Zahl der in diesem einen Jahr an Typhus gestorbenen Menschen wohl eher bei 100000.

Aus ganz Osteuropa wurden die Juden in die größeren Ghettos verschleppt. Schon allein dadurch waren sie überfüllt. Gemäß dem Plan der Nazis wurden in einem nächsten Schritt Juden aus ganz Europa nach Osten transportiert – aus Deutschland und Österreich, Holland, Belgien und Frankreich, aus Griechenland und allen anderen Ländern unter deutscher Kontrolle. Diese

Menschen wussten nicht, dass sie in den Ghettos nur so lange festgehalten werden sollten, bis die Nazis mit der «Endlösung» beginnen konnten. Die fürchterliche Überbelegung aller Wohnungen, wo sieben und mehr Personen in einem Raum lebten, zwang die Menschen, solange es hell war, nach draußen. Dort trieben sie sich mit den Obdachlosen ziellos auf den Straßen des Ghettos herum.

Ein nichtjüdischer Pole beschrieb nach einem kurzen Besuch im Ghetto seine Eindrücke:

«Noch lebten diese Menschen, wenn man sie überhaupt als Menschen bezeichnen darf. Denn außer der Haut, den Augen und der Stimme war diesen zitternden Gestalten nichts Menschenähnliches geblieben. Überall gab es Hunger, Elend, den Ekel erregenden Gestank verfaulender Leichen, das elende Jammern sterbender Kinder, die verzweifelten Schreie und Seufzer von Menschen, die in einer ausweglosen Lage ums Überleben rangen ... Die gesamte Bevölkerung schien auf der Straße zu leben. Nirgendwo gab es einen freien Quadratmeter. Als wir unseren Weg durch den Schlamm und die Trümmer suchten, flitzten Schatten an uns vorbei, die einmal Männer oder Frauen gewesen waren. Nun verfolgten sie irgendwen oder irgendwas, und aus ihren Augen flammte ein wahnsinniger Hunger, eine verrückte Gier.»

Der Schmuggel

Möglicherweise wären die Ghettos durch den Hunger ausgelöscht worden, wenn es die Schmuggler nicht gegeben hätte. Der Schmuggel hielt die Ghettos am Leben.

Wer außerhalb des Ghettos arbeiten durfte, schmuggelte soviel er konnte hinein. Wer es sich leisten konnte, bestach die Wachen, damit sie wegsahen. Gelegentlich wurde auch im großen Stil geschmuggelt, aber die meisten Schmuggelaktionen waren klein und dienten dem tagtäglichen Überleben.

Auf das Schmuggeln – gleich welcher Gegenstände und selbst kleinster Mengen – stand für Juden die Todesstrafe, oft durch Erschießen an Ort und Stelle. Hier ist der dienstliche Bericht eines deutschen Wachpostens vom Ghetto in Lodz:

«Am 1. Dezember 1941 in der Zeit von 14 bis 16 Uhr

Kinder waren aufgrund ihrer geringen Größe die besten Schmuggler. Hier kommt eines wohlbehalten durch ein Loch in der Mauer ins Ghetto zurück.

befand ich mich auf Posten 4 in der Holsteiner Straße. Um 15 Uhr sah ich, wie eine Jüdin auf den Zaun des Ghettos kletterte, den Kopf durch den Ghettozaun steckte und den Versuch machte, von einem vorüberfahrenden Wagen Rüben zu stehlen. Ich machte von meiner Schusswaffe Gebrauch. Die Jüdin wurde durch zwei Schüsse tödlich getroffen.

Art der Schusswaffe: Karabiner 98
Verschossene Munition: Zwei Patronen
[gez.] Wachtmeister Naumann»

Nicht alle hatten das Glück, gleich erschossen zu werden. Eine jüdische Mutter wurde bei dem Versuch ertappt, einer polnischen Bäuerin ein Ei abzukaufen. Beide wurden festgehalten, bis genügend Ghettobewohner als Zuschauer zusammengetrieben worden waren, und dann gehängt. Als «Lehre für alle, die lernwillig sind» ließen die Nazis die beiden Leichen drei Tage lang am Galgen hängen.

Die meisten Schmuggler waren Kinder zwischen zehn und vierzehn Jahren. Mit ihren kleinen, spindeldürren Körpern konnten sie durch ein Loch im Stacheldraht oder einen Mauerspalt schlüpfen und auf gleichem Weg ins Ghetto zurückkehren. Wenn sie Erfolg hatten, bedeutete das den Aufschub des Hungertods um einen weiteren Tag. Wenn nicht, konnte es passieren, dass sie vor den Augen ihrer wartenden Mütter erschossen wurden. Auch sie hatten aber nicht immer das Glück eines sofortigen Todes. Ein Erwachsener erinnerte sich:

«Als ich einmal an den Mauern entlangging, geriet ich in eine ‹Schmuggelaktion› von Kindern. Offenbar war die eigentliche ‹Aktion› bereits beendet. Nur etwas blieb noch zu tun. Der kleine jüdische Junge jenseits der Mauer mußte durch das Loch wieder ins Ghetto schlüpfen und die letzte Beute mitbringen. Der kleine Körper war bereits halb sichtbar, als er zu schreien begann. Gleichzeitig ertönte von der ‹arischen› Seite lautes deutsches Schimpfen herüber. Ich eilte dem Kind zu Hilfe und wollte es schnell durch das Loch ziehen. Die Hüften des Jungen klemmten jedoch unglücklicherweise im Spalt fest. Mit beiden Händen und allen Kräften versuchte ich dennoch, ihn hindurchzuzerren. Er fuhr fort, entsetzlich zu schreien. Jenseits der Mauer hörte man die Polizisten kräftige Hiebe austeilen. Als es mir endlich gelang, den Jungen aus dem Loch zu ziehen, lag er bereits im Sterben. Sein Rückgrat war zerquetscht.»

Jüdisches Leben im Ghetto

Das Ghetto war wie ein riesiger Käfig. Darin eingesperrt waren Tausende Menschen unterschiedlicher Herkunft, mit ganz verschiedenen Lebensläufen, Berufen und Begabungen.

Inmitten des allgegenwärtigen Naziterrors, von Hunger und Krankheiten geplagt, um sie herum nur Sterben, gaben diese todgeweihten Menschen dennoch dem Ghetto etwas von der Farbigkeit und dem Leben einer echten Großstadt.

Denn obwohl das Unterrichten verboten war, gab es heimlichen Unterricht in Geschichte, Sprachen, Kunst, Musik und Literatur, mit Prüfungen, Zensuren und sogar Zeugnissen.

Theatergruppen aus professionellen Schauspielern und Laien führten Stücke auf.

Berühmte Gelehrte hielten Vorträge.

Musiker gaben Konzerte, Sänger veranstalteten Liederabende, es wurden Opern komponiert und aufgeführt.

Naturwissenschaftler experimentierten und forschten.

Geheime Bibliotheken wurden aufgebaut mit Büchern über Geschichte und Politik, billigen Romanen und Klassikern der Weltliteratur, Gedichten, Liebesromanen, Abenteuergeschichten. Für jedes Buch gab es immer eine lange Warteliste.

Wie lebendig waren sie, diese Juden, im Angesicht des Todes!

Das Ghetto als «Übergangsmaßnahme»

Schätzungsweise jeder fünfte Ghettobewohner starb an Krankheiten oder an den Folgen des Hungers. Wäre das Sterben in dem Tempo weitergegangen, wären alle Ghettobewohner innerhalb von fünf oder sechs Jahren gestorben. Das ging den Nazis jedoch nicht schnell genug.

Ihr erklärtes Ziel war ja die Ausrottung der 11 Millionen Juden Europas. Der Transport und die Einsperrung von Millionen in die Ghettos war nur eine vorübergehende Maßnahme. Aber wie Reinhard Heydrich erklärte, wurden bei der «Evakuierung nach dem Osten bereits jene praktischen Erfahrungen gesammelt, die im Hinblick auf die kommende Endlösung der Judenfrage von wichtiger Bedeutung sind».

Die Einsatzgruppen

*Dies ist ein niemals geschriebenes und niemals zu
schreibendes Ruhmesblatt unserer Geschichte.*

Heinrich Himmler, Reichsführer SS

S ie kamen wenige Tage nach der deutschen Wehrmacht, die immer weiter nach Osten vorstieß. In
kleinen Gruppen durchkämmten sie die eroberten Gebiete. Hatten sie beim ersten Mal ihre Arbeit nicht restlos erledigt, kamen sie wieder.

Sie hießen «Einsatzgruppen» und waren mobile Erschießungskommandos. Die Offiziere waren gut auf ihre
Aufgabe vorbereitet worden und gingen planmäßig und
gründlich vor. Nach dem Krieg beschrieb der Führer
einer Einsatzgruppe ihr Vorgehen so:

Die Einheit «pflegte in ein Dorf oder in eine Stadt zu
kommen und den führenden jüdischen Bewohnern den
Befehl zu erteilen, alle Juden zwecks Umsiedlung zu-
sammenzurufen. Sie wurden aufgefordert, ihre Wert-
gegenstände den Führern der Einheit zu übergeben und
kurz vor der Hinrichtung ihre Oberbekleidung auszu-
händigen. Die Männer, Frauen und Kinder wurden zu
einem Hinrichtungsort geführt, der sich meist neben
einem vertieften Panzerabwehrgraben befand. Dann
wurden sie erschossen, kniend oder stehend, und die Leichen wurden in den Graben geworfen.»

In einem Geheimbericht der Warschauer Juden finden
wir weitere Einzelheiten:

«Alle Männer zwischen vierzehn und sechzig Jahren
wurden auf einem Platz der Stadt oder auf dem Friedhof

zusammengetrieben, wo sie mit Maschinengewehren oder Handgranaten abgeschlachtet wurden. Vorher mussten sie ihr eigenes Grab schaufeln. Kinder in Waisenhäusern, die Insassen von Altersheimen, Kranke in Krankenhäusern wurden erschossen, Frauen auf offener Straße ermordet. In vielen Städten wurden Juden mit unbekanntem Ziel fortgeschafft oder in den nahe gelegenen Wäldern hingerichtet.»

SS-Standartenführer Karl Jäger, Leiter des Einsatzkommandos 3, beschrieb in einem Bericht den Ablauf dieser Aktionen:

«Die Juden mussten an einem Ort oder an mehreren Orten gesammelt werden. Anhand der Anzahl musste der

Juden werden gezwungen, ihr eigenes Grab zu schaufeln.

71

Meist wurden die Opfer unter irgendeinem Vorwand auf Lastwagen geladen und vor die Stadt, an eine Böschung oder einen Graben gefahren.
Dort wurden sie gezwungen, sich auszuziehen und Schmuck, Geld und
Uhren abzugeben. Dann wurden sie gnadenlos von den Einsatzgruppen
erschossen.

Platz für die erforderlichen Gruben ausgesucht und aus-
gehoben werden. Der Anmarschweg von der Sammel-
stelle zu den Gruben betrug durchschnittlich 4 bis 5 km.
Die Juden wurden in Abteilungen zu 500, in Abständen
von mindestens 2 km, an den Exekutionsplatz transportiert ... In Rokiskis waren 3208 Menschen 4½ km zu
transportieren, bevor sie liquidiert werden konnten ...
Nur durch geschickte Ausnutzung der Zeit ist es gelungen, bis zu 5 Aktionen in einer Woche durchzuführen ...»

Einer der Täter beschrieb seinen Einsatz wie folgt: «Die Exekution selbst dauerte drei bis vier Stunden. Ich war die ganze Zeit an der Exekution beteiligt. Die einzigen Pausen, die ich machte, waren, wie mein Karabiner leer geschossen war und ich neu laden musste. Es ist mir dadurch nicht möglich zu sagen, wie viele Juden ich selbst während dieser drei bis vier Stunden umgebracht habe, da während dieser Zeit ein anderer für mich weiter schoss. Wir haben während dieser Zeit ziemlich viel Schnaps getrunken, um unseren Arbeitseifer anzuregen.»

Man schätzt, dass Einsatzgruppen und deutsche Polizisten, unterstützt von «Hilfswilligen» aus den besetzten Ländern, auf diese Weise zwei Millionen Juden ermordet haben.

Bericht der Einsatzgruppe A an den SS-Führer Heinrich Himmler. Die vier Länder sind Estland, Lettland, Litauen und Belorussland (damals Teil der Sowjetunion). Die Zahlen neben den Särgen geben die Zahl der ermordeten Juden an, die anderen die der noch lebenden. Estland, wo 963 Juden ermordet wurden, wird als «judenfrei» ausgewiesen.

Ein solches Vorgehen war jedoch langsam und verbrauchte eine Menge Munition. Deshalb wurden 20 geschlossene Lastwagen als mobile Gaskammern eingesetzt. Ihre Abgase wurden vom Motor direkt in einen luftdichten Kasten geleitet, in den man 40 bis 60 Juden gepfercht hatte. Mit der Zeit erkannten die Menschen den Zweck dieser grauen Lastwagen und flüchteten, sobald sie in einer Ortschaft auftauchten. Aber auch diese Todeswagen waren nur eine Zwischenlösung. Inzwischen hatten sich die Nazis etwas Neues ausgedacht.

Die «Endlösung der Judenfrage»

Diese … Juden können wir nicht erschießen, wir können sie nicht vergiften, werden aber doch Eingriffe vornehmen können, die irgendwie zu einem Vernichtungserfolg führen.

Hans Frank, Generalgouverneur im besetzten Polen

Das Endziel eines «judenfreien» Deutschlands und Europas verlor Hitler nie aus den Augen. Nur bei der Frage, wann und vor allem wie das Ziel zu erreichen sei, konnte es verschiedene Lösungsversuche geben.

Die Nazis hatten versucht, die Juden Deutschlands und Österreichs zur Auswanderung zu zwingen, um das Reich «judenfrei» zu machen. Einige von ihnen wollten sogar eine «jüdische Heimstätte» auf der französischen Insel Madagaskar vor der Südostküste Afrikas einrichten. Frühe Pläne sahen eine Kolonie von Juden auf der Insel vor, die sich selbst mit Lebensmitteln versorgen und unter deutscher Aufsicht zum Wohl des Dritten Reichs arbeiten sollten. Man hatte auch über die Zwangssterilisation als Möglichkeit gesprochen, um das Aussterben der «jüdischen Rasse» sicherzustellen.

Schließlich wurden jedoch alle diese Pläne fallen gelassen. Mit der Eroberung Polens und großer Teile der Sowjetunion waren den Deutschen Millionen Juden in die Hände gefallen und die Auswanderung war – mitten in einem Krieg auf Leben und Tod – praktisch nicht durchzuführen. Die Nazis selbst hatten ausgerechnet, dass ihnen nach einem Sieg in Europa insgesamt elf Millionen Juden ausgeliefert sein würden. Kein Land war groß genug, alle diese Menschen aufzunehmen.

74

1941 stand Nazideutschland auf dem Gipfel seiner Macht. Fast alle Länder Europas waren von Deutschland besetzt oder beherrscht. Die Landkarten auf den Seiten 76/77 zeigen, dass es Hitler in weniger als zwei Jahren gelungen war, einen Großteil des Kontinents unter seine Kontrolle zu bringen. Damit war auch sein wichtigstes Ziel, die «Endlösung der Judenfrage», in greifbare Nähe gerückt. Das «Wie» wurde zu einem dringenden Problem.

In Osteuropa hatten die Deutschen alle Juden in Ghettos zusammengetrieben. Im restlichen Europa wurden sie durch die üblichen Nazi-Schikanen Schritt für Schritt von ihren Mitbürgern isoliert. In einigen Ländern durften Juden bereits nur noch in bestimmten abgezirkelten Stadtteilen wohnen.

In den Ghettos starben die Juden, aber das dauerte den Nazis zu lange. Die Einsatzgruppen machten ihre Arbeit, aber auch sie kamen nur langsam voran.

In den dichter besiedelten Ländern im Westen Europas wie Belgien, Holland oder Frankreich konnte man die Einsatzgruppen kaum verwenden. Dort lebten die meisten Menschen in Städten und es gab kaum weite, menschenleere Gebiete, wo die Einsatzgruppen ihre Arbeit ohne Zeugen verrichten konnten. Hinzu kam, dass der Antisemitismus in Westeuropa nicht so stark ausgeprägt war wie im Osten. Was wäre, wenn die nichtjüdische Bevölkerung ihren jüdischen Mitbürgern zu Hilfe käme? Die westeuropäischen Länder lagen auch näher an Großbritannien und Amerika und hatten größere Kontaktmöglichkeiten zur freien Welt; und die Deutschen wollten ihre Aktionen so lange wie möglich vor den Alliierten geheim halten.

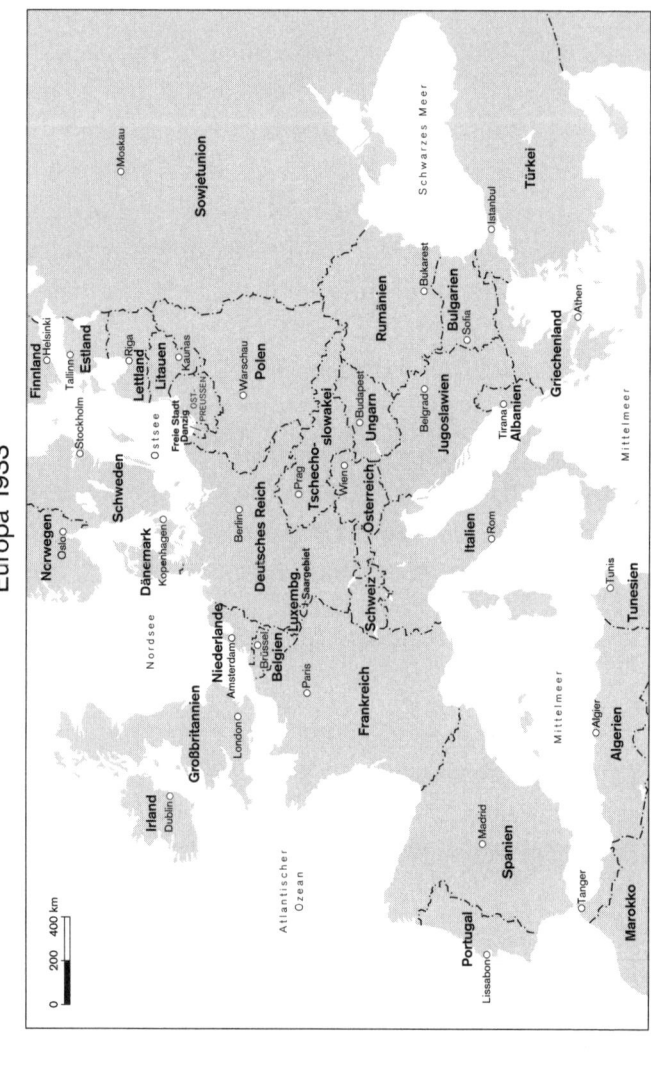

Europa 1933

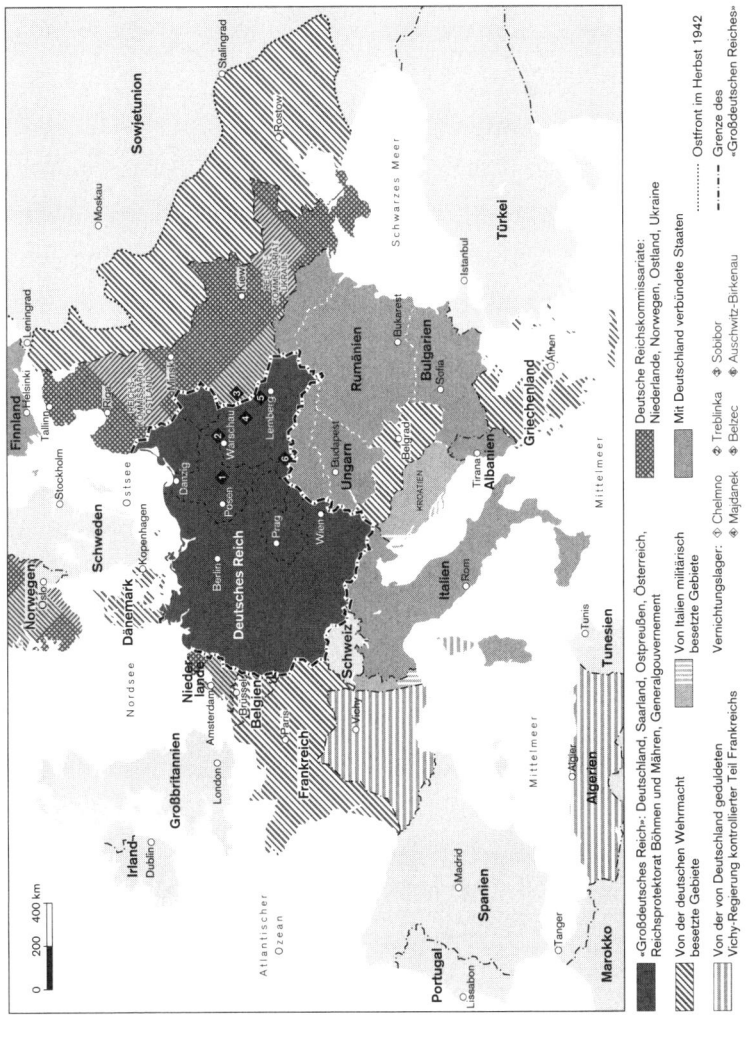

Europa 1942

In Deutschland und fast allen Ländern unter deutscher Herrschaft gab es bereits Konzentrationslager, in denen nicht nur Juden interniert wurden. Die Wachmannschaften wurden dazu angehalten, besonders sadistisch zu sein und die Haftbedingungen waren unmenschlich. Tausende waren bereits in diesen Lagern umgekommen.

Tod in den Konzentrationslagern, Massensterben in den Ghettos, Erschießungen durch Einsatzgruppen und Polizeitruppen: so sah die «Endlösung der Judenfrage» aus. Doch den Nazis war dieses Kriegsziel so wichtig, dass sie – mitten in einem Kampf auf Leben und Tod gegen die Alliierten – nach Mitteln und Wegen suchten, wie sie noch mehr Juden noch «effizienter» umbringen konnten. Und es dauerte nicht lange, bis sie eine neue Methode ersonnen hatten.

Im Sommer 1941 wurden 250 Krankenhauspatienten und 600 russische Kriegsgefangene im KZ Auschwitz in einen luftdichten Raum gedrängt und mit einem Giftgas namens Zyklon B ermordet. Dieses «erfolgreiche» Experiment zeigte, dass es möglich war, auf einen Schlag größere Menschenmengen umzubringen; man begann sofort mit dem Bau eines Vernichtungszentrums in Auschwitz, das ein Jahr später betriebsbereit war.

Ausgehend von den Erfahrungen mit den Vergasungswagen im Lager Chelmno (Kulmhof), begannen die Deutschen 1942 in Belzec, Sobibor und Treblinka mit dem Bau von festen Gaskammern, in denen Menschen mit Motorabgasen getötet wurden.

Die Maschinerie, mit deren Hilfe die «Endlösung der Judenfrage» nun auch auf fabrikmäßige Weise betrieben werden sollte, war in Gang gesetzt worden.

Die Wannseekonferenz

Am 30. Juli 1941 schrieb Reichsmarschall Hermann Göring an Sicherheitschef Reinhard Heydrich und gab ihm
den Auftrag, «alle erforderlichen Vorbereitungen in orga-
nisatorischer, sachlicher und personeller Hinsicht zu
treffen für eine Gesamtlösung der Judenfrage im deutschen Einflussgebiet in Europa». Heydrich erhielt weiter
den Befehl, dem Reichsmarschall «in Bälde einen Ge-
samtentwurf über die organisatorischen, sachlichen und
materiellen Vorausmaßnahmen zur Durchführung der
angestrebten Endlösung der Judenfrage vorzulegen». Aus
bis heute unbekannten Gründen gab es eine fast fünfmo-
natige Verzögerung. Schließlich berief Heydrich jedoch
eine Konferenz für den 20. Januar 1942 ein.

In einer eleganten Villa am Wannsee in einem wohl-
habenden Berliner Vorort trafen sich hohe Verwaltungs-
beamte aus verschiedenen Ämtern und wichtige SS-Führer. Das Protokoll schrieb Adolf Eichmann, Chef des
«Referats IV-B-4 (Juden)» beim Reichssicherheitshauptamt.

Man muss sich diese Szene vorstellen: Da saßen diese
hochrangigen und bedeutenden, in der Regel durchaus
gebildeten Männer um einen Tisch und unterhielten
sich über geeignete Mittel und Wege, Millionen von
Menschen zu ermorden. Sie sprachen über «Fragen»,
«Probleme» und «Lösungen», von «Abwanderung»,
«Evakuierung» und «Überstellung», von «Maßnahmen» und «Behandlung». Genauso gut hätte von einem
Termitenhügel oder einem Kakerlakennest die Rede sein
können. Von weiß livrierten Kellnern bedient, speisten
sie gut und genehmigten sich anschließend eine Zigarre.

Hermann Göring, Reichsmarschall und Vorsitzender des Reichsverteidigungsrates, wurde von Hitler zu seinem Nachfolger ernannt. Er war drogensüchtig und später richtig fett. Die Deutschen betrachteten ihn lange als komische und harmlose Figur, dabei war er einer der Hauptverantwortlichen für die Organisation der Zwangsarbeit und der «Endlösung».

Sicher scherzten sie auch miteinander, wie es bei einem Arbeitsessen üblich ist. Wahrscheinlich empfanden sie beim Verdauungsschnaps eine gewisse innere Befriedigung über den ausgearbeiteten effizienten und sorgfältigen Plan, dessen Verwirklichung Millionen Menschen das Leben kosten sollte.

Dieser Plan sah vor, die Juden aus ganz Europa nach Osten in die Ghettos zu transportieren, die sich im besetzten Teil Polens und der Sowjetunion befanden. Von dort sollten die arbeitsfähigen Juden, angefangen mit den Juden des Generalgouvernements, in bestehende oder zu errichtende Lager deportiert werden, wo man sie buchstäblich «zu Tode arbeiten wollte». Wer es doch schaffte, am Leben zu bleiben, und dadurch bewies, dass er aus besonderem Holz geschnitzt war, müsse getötet werden. Heydrich drückte es so aus:

«Unter entsprechender Leitung sollen im Zuge der Endlösung die Juden in geeigneter Weise im Osten zum Arbeitseinsatz kommen. In großen Arbeitskolonnen, unter Trennung der Geschlechter, werden die arbeitsfähigen Juden Straßen bauend in diese Gebiete geführt, wobei zweifellos ein Großteil durch natürliche Verminderung ausfallen wird.

Der allfällig endlich verbleibende Restbestand wird,

da es sich bei diesen zweifellos um den widerstands-
fähigsten Teil handelt, entsprechend behandelt werden
müssen, da dieser, eine natürliche Auslese darstellend,
bei Freilassung als Keimzelle eines neuen jüdischen Auf-
baues anzusprechen ist.»

Der Plan war ein gutes Beispiel nationalsozialistischen Denkens. Mit Hilfe jüdischer Arbeitskräfte sollte
Deutschland den Krieg gewinnen, wobei Hunderttausende sterben und den Nazis die Mühe ersparen würden,
sie umzubringen. Nach dem Endsieg wären die wenigen
Überlebenden zu «entsorgen», da sie nicht nur eine
überflüssige Gruppe, sondern sogar eine Gefahr darstellen würden.

Wie es sich herausstellte, konnte der Plan nicht in allen Einzelheiten umgesetzt werden. Insbesondere wurde
aus dem geplanten Bau großer Straßen nichts, da die
deutschen Armeen ein Jahr nach der Wannseekonferenz
große Niederlagen im Osten erlitten.

Im Großen und Ganzen wurde der Plan jedoch wie geplant durchgeführt. Der Transport wurde organisiert. Ein
Selektionssystem wurde ausgearbeitet, um zwischen
«arbeitsfähigen» und «arbeitsunfähigen» Juden zu un-
terscheiden. Als «arbeitsunfähig» galten von vornherein
alle Kinder unter zwölf Jahren, alle älteren Menschen,
alle Kranken, alle schwangeren Frauen. Diese Menschen
sollten sofort getötet werden. Die «arbeitsfähigen» Juden sollten wie geplant «zu Tode gearbeitet werden»;
viele wurden jedoch aus den Ghettos direkt in den Tod
geschickt, in die Gaskammern der Vernichtungslager.

Reinhard Heydrich

Reinhard Heydrich war wegen «ehrwidrigen Verhaltens» gegenüber einer Freundin aus der Kriegsmarine entlassen worden. Er wurde Mitglied der NSDAP und der SS und arbeitete sich nach und nach hoch, bis er im Rang eines SS-Obergruppenführers Sicherheitschef im Dritten Reich wurde. Er war hoch gewachsen, schlank, blond, mit tief liegenden, durchdringenden blauen Augen. Zu Recht nannte man ihn hinter seinem Rücken «die blonde Bestie».

Reinhard Heydrich wurde mit der Gesamtplanung für die «Endlösung» beauftragt. Er war einer der skrupellosesten und gefürchtetsten Führer der Nazis.

Angeblichen Staatsfeinden gegenüber kannte Heydrich kein Pardon. Seine Gestapo und seine Sicherheitspolizei waren überall gefürchtet, auch unter den Deutschen. Hitler selbst nannte Heydrich «den Mann mit dem eisernen Herzen».

Hitlers Stellvertreter Göring übertrug Heydrich die Verantwortung für die von Hitler befohlene «Endlösung». Als Belohnung für seinen Einsatz gegen die Juden wurde er zum «Reichsprotektor» in Prag ernannt.

Am 27. Mai 1942 wurde Heydrichs Auto von Mitgliedern der tschechischen Widerstandsbewegung in die Luft gesprengt. Heydrich erlag wenig später seinen Verletzungen.

Die Rache der Deutschen war blutig. Als Ziel wählten sie das tschechische Bergarbeiterstädtchen Lidice. Die Männer und Jungen wurden ausnahmslos erschossen, die Frauen und Mädchen ins KZ gebracht, das Dorf dem Erdboden gleichgemacht und sein Name von deutschen Landkarten getilgt.

Zu Ehren Heydrichs gaben die Nazis der Aktion zur Vernichtung der polnischen Juden den Namen «Aktion Reinhard».

Andere Opfergruppen

Das Gesetz des Daseins fordert ununterbrochenes Töten,
damit das Bessere lebt.

Adolf Hitler

N ur die Juden sollten als Volk vom Gesicht dieser Erde verschwinden. Vier weitere Gruppen waren jedoch zur «Sonderbehandlung», wie es die Nazis nannten, vorgemerkt. Es handelte sich um unheilbar Kranke, um Zigeuner (Sinti und Roma), um die führende Schicht Polens und um russische Kriegsgefangene.

Unheilbar Kranke

Am 1. September 1939 unterschrieb Hitler den Befehl zum Start der Aktion «T4». Nach Hitlers Willen sollten unheilbar kranke Patienten von Ärzten ausgesondert und zur Tötung freigegeben werden. Im Befehl war von «lebensunwertem Leben» die Rede.

Folgende Menschengruppen wurden Opfer der so genannten Euthanasie, des «Gnadentods»:
– senile (altersschwachsinnige) Menschen;
– geistig zurückgebliebene Erwachsene und Kinder;
– alle jüdischen Patienten in Nervenheilanstalten;
– alle Menschen, die seit fünf oder mehr Jahren Patienten in einem Krankenhaus, einer Heilanstalt oder einem Pflegeheim gewesen waren;
– Neugeborene mit Geburtsfehlern;
– Epileptiker;

84

– arbeitsunfähige Behinderte;
– alle Opfer unheilbarer Krankheiten, die infolge ihrer
Erkrankung nicht mehr arbeitsfähig waren.
Im Interesse der «Reinerhaltung des arischen Bluts»
mussten diese kranken Menschen sterben. Sie am Leben
zu erhalten wäre überdies unwirtschaftlich, meinten die
Nazis, denn sie trügen nichts zur Volkswirtschaft bei,
sondern seien «unnütze Esser».

Einige Menschen ließ man verhungern, besonders
Säuglinge. Andere erhielten Todesspritzen. Sehr effizient war das nicht. Zwei Jahre vor ihrer Verwendung
durch die Einsatzgruppen in Osteuropa wurden mobile
Vergasungswagen zur «Euthanasie» in Deutschland eingesetzt. Im Rahmen der Aktion «T4» wurden auch die
ersten festen Gaskammern betrieben, fast achtzehn Monate vor dem «erfolgreichen Experiment» mit größeren
Gruppen in Auschwitz. In diesen Gaskammern wurde
mit giftigem Kohlenmonoxid gearbeitet, das entweder
von den Abgasen eines LKW-Motors oder aus einer Gasflasche stammte. Besondere Tötungszentren wurden
eingerichtet, um kleinere Menschenmengen zu vergasen.

Zwei SS-Männer leiteten diese Aktion: Christian
Wirth und Viktor Brack. Als 1941 der Massenmord an den
Juden auf der Tagesordnung stand, konnten sie ihre bei
der Aktion «T4» gewonnenen Erfahrungen einsetzen.

Nach der Ermordung eines Patienten erhielten die
Angehörigen einen «Trostbrief», in dem es hieß, der ihnen nahe stehende Mensch sei an «Herzversagen» oder
«infolge einer Grippe mit gleichzeitiger Lungenentzündung und anschließender Kreislaufschwäche» gestorben.
«Bei seiner schweren unheilbaren Erkrankung bedeutet

sein Tod Erlösung für ihn.» Die Leiche wurde in jedem Fall verbrannt. Die Menschen in Deutschland begriffen jedoch nach und nach, was vor sich ging. Hunderte von Protestbriefen wurden geschrieben und auch die Kirchen protestierten lautstark. Auf Befehl Hitlers wurde die Aktion «T4» 1941 gestoppt.

Inzwischen waren an die 100 000 «lebensunwerte Leben» ausgelöscht worden, darunter fast 20 000 Kinder. Es gibt Hinweise darauf, dass die Aktion im Falle eines deutschen Sieges wieder aufgenommen worden wäre, vielleicht unter Einschluss der Zivilisten und Soldaten, die in dem von Deutschland begonnenen Krieg zu Krüppeln geworden waren.

Joseph Goebbels hatte Germanistik, Philosophie und Kunstgeschichte studiert und sich erfolglos als Schriftsteller versucht. Unter Hitler war er Reichsminister für Volksaufklärung und Propaganda. Alle Zeitungen, Bücher, Filme, Theaterstücke und Kunstwerke unterlagen seiner Zensur. Er entschied, was die Medien über Hitler, den Krieg, die Juden, die unheilbar Kranken, die Zigeuner oder die slawischen Völker verbreiteten. 1944 wurde er zum «Generalbevollmächtigten für den totalen Kriegseinsatz» ernannt.

Sinti und Roma (Zigeuner)

Zigeuner hatten seit dem 15. Jahrhundert in Deutschland gelebt. Außerdem waren sie nachweislich «arischer» Abstammung und waren darum auch nach den Nazigesetzen deutsche Staatsbürger. Das passte den Nazis nicht; ihre «Rassenhygieniker» stellten also fest, dass 90 Prozent der deutschen Zigeuner «Mischlinge» seien, das heißt «minderwertiges Blut» hätten. Die «reinrassigen», arischen Zigeuner sollten verschont werden. Bei den «Mischlingen» unterschieden die Nazi-Juristen außerdem zwischen «sozial angepassten» und daher «ungefährlichen» und «asozialen» Zigeunern. In die erste Kategorie gehörten vor allem Zigeuner, die Deutschland als Soldaten dienten oder gedient hatten, unabkömmliche Rüstungsarbeiter und so weiter. Sie durften bleiben, wo sie waren, sollten aber zwangssterilisiert werden. In die zweite Kategorie gehörten die Menschen, die gemäß der traditionellen Lebensweise der Zigeuner von Ort zu Ort zogen. Sie wurden als «Asoziale» abgestempelt, die zum Leben in einer zivilisierten Gesellschaft unfähig und daher zu vernichten seien. Im Grunde wurden sie ähnlich behandelt wie die Juden, auch wenn die Verfolgung nicht so lückenlos und brutal war und Zigeuner kein Erkennungsmerkmal wie den gelben Stern tragen mussten. In Osteuropa trieben die Deutschen nicht sesshafte Zigeuner in ghettoähnlichen Lagern zusammen oder wiesen ihnen einen Platz innerhalb des jüdischen Ghettos zu. Auch unter den Zigeunern wüteten die Einsatzgruppen. Zehntausende wurden in die Konzentrations- und Vernichtungslager geschickt, wo die meisten ermordet wurden.

Weil Sinti und Roma als nomadisches Volk am Rand der Gesellschaft leben, ist es nicht leicht, handfeste Zahlen und Fakten über die Opfer zu bekommen. Auf der Grundlage eines Vergleichs der Bevölkerungsstatistiken aus allen betroffenen Ländern vor und nach dem Zweiten Weltkrieg wird geschätzt, dass zwischen 300 000 und einer Million Zigeuner von den Deutschen ermordet wurden.

Die polnische Intelligenzija

Die Nazis hielten bestimmte Volksgruppen für «Untermenschen». Die Juden, die in ihren Augen «Parasiten» waren, mussten vollständig ausgerottet werden. Andere «Untermenschen» wollten sie zwar am Leben lassen, aber nur als Sklavenarbeiter für Deutschland.

Zu den Untermenschen zählten die Nazis alle slawischen Völker Osteuropas: Polen, Ukrainer, Russen und andere. Die Nazis hatten vor, sie aus weiten Teilen der eroberten Gebiete zu vertreiben und dafür Deutsche anzusiedeln – «Reichsdeutsche» aus Deutschland selbst oder «Volksdeutsche», die außerhalb Deutschlands als Deutsche aufgewachsen waren.

Die Nazis begannen mit der Umsetzung ihres Plans zunächst in Polen. Polen war ein großes Land mit einer großen Bevölkerung und es war Deutschland wehrlos ausgeliefert. Russland und die anderen Länder wären nach dem deutschen Endsieg an die Reihe gekommen.

Wenn aus dem polnischen Volk eine Art gefügige Knetmasse werden sollte, die sich widerstandslos dem Willen der deutschen Eroberer fügte, mussten seine noch lebenden Führer entfernt werden. Zu den führenden Kräften eines Volks zählen die kreativen und gebildeten Menschen – Künstler und Schriftsteller, Ärzte, Juristen, Priester, Lehrer und so weiter, und natürlich alle politischen Führer und die Offiziere in den Streitkräften. Solche Menschen wurden von den Deutschen gejagt, verhaftet und in die Konzentrationslager geschickt, wo die meisten an den unmenschlichen Bedingungen starben oder erschossen wurden.

Die Pläne der Nazis gingen weiter. Auch zukünftige

Generationen von Polen wollten sie daran hindern, über das Niveau von «Menschentieren» hinauszugelangen. «Das, was … an gutem Blut … vorhanden ist, werden wir uns holen», meinte Himmler, «indem wir ihnen, wenn notwendig, die Kinder rauben und sie bei uns großziehen.» Die Deutschen machten sich auch Gedanken über die zukünftige polnische Schule. «Das Ziel dieser Volksschule» – so Himmler – «hat lediglich zu sein: Einfaches Rechnen bis höchstens 500, Schreiben des Namens, eine Lehre, dass es ein göttliches Gebot ist, den Deutschen gegenüber gehorsam und ehrlich, fleißig und brav zu sein. Lesen halte ich nicht für erforderlich.»

Es gelang den Nazis nicht, ihren Plan vollständig zu verwirklichen. Was ihnen jedoch vor ihrer endgültigen Niederlage gelang, war schrecklich genug:

Von den drei Millionen nichtjüdischen polnischen Bürgern, die im Zweiten Weltkrieg getötet wurden, gehörten über eine Million zu den kultiviertesten und kreativsten Menschen dieser Nation.

Sowjetische Kriegsgefangene

Menschen aus der Sowjetunion wurden aus zwei Gründen für eine «Sonderbehandlung» vorgemerkt. Erstens waren sie nach Ansicht der Nazis ja slawische «Untermenschen». Und zweitens kamen sie aus einem kommunistischen Land; für die Nazis war «Kommunismus» fast gleichbedeutend mit «Judentum».

Die Deutschen hatten zwar noch nicht die ganze Sowjetunion erobert, aber bei ihrem Vormarsch waren ihnen Millionen Soldaten in die Hände gefallen. Die gefangenen Soldaten waren nicht nur «Untermenschen»; sie hatten zudem aktiv gegen die Deutschen gekämpft. Sie müssten also mit besonderer Härte behandelt werden.

Nach Schätzungen der deutschen Armee vom Mai 1944 waren insgesamt 5,16 Millionen sowjetische Soldaten in Gefangenschaft geraten, die meisten von ihnen im ersten Feldzug 1941. Von diesen Kriegsgefangenen waren 1944 nur noch 1 871 000 am Leben. 430 000 waren als «exekutiert» gemeldet und 67 000 waren entkommen. Eine einfache Rechnung ergibt, dass fast 3 Millionen in den Lagern umgekommen sind.

Die meisten sowjetischen Kriegsgefangenen wurden in große Käfige gesperrt, ohne Schutz vor Wind und Wetter, umgeben von Elektrozäunen und Stacheldraht. Dort starben sie an Hunger oder Unterkühlung. Wenn sie in diesen so genannten Lagern nicht starben, wurden sie für medizinische Experimente oder als Versuchsobjekte zum Ausprobieren der in den Vernichtungslagern neu errichteten Gaskammern missbraucht. So wurden die «minderwertigen Völker» von den selbst ernannten deutschen «Kulturbegründern» in den Teilen der Welt behandelt, die von den Nazis beherrscht wurden.

Die Deportationen

… von den Juden selbst bleibt nicht viel übrig. …
Die Prophezeiung, die der Führer ihnen … mit auf den
Weg gegeben hat, beginnt sich in der furchtbarsten
Weise zu verwirklichen.

Joseph Goebbels

Aushebung

«Am 11. August 1942 fielen die SS, der SD und die berittene Polizei wie ein Haufen Wilder über das jüdische Viertel von Zamosc her. Der Angriff erfolgte völlig überraschend. Vor allem der brutale Einsatz der Berittenen schuf eine Panik: Sie jagten durch die Straßen, brüllten und schimpften, schlugen mit ihren Peitschen nach allen Seiten. Damals bestand unsere Gemeinde aus etwa 10000 Menschen. Innerhalb kürzester Zeit, ohne dass ihnen selbst klar wurde, was mit ihnen geschah, wurden etwa 3000 wahllos auf den Straßen aufgegriffene Männer, Frauen und Kinder zum Bahnhof getrieben und mit unbekanntem Ziel deportiert.»

Mit einem solchen Schock, in einem solchen Durcheinander begann der Abtransport aus dem polnischen Ghetto Zamosc in die Lager.

Eigentlich bevorzugten die Deutschen jedoch ein anderes Vorgehen. Die Versammlung der Juden zur Deportation sollte möglichst reibungslos und ordentlich funktionieren. Am besten wäre es natürlich, wenn sich die Juden freiwillig meldeten. Um das zu erreichen, benutzten die Nazis allerlei Lügen und Tricks.

So behaupteten sie, dass es sich bei den Deportationen um eine «Umsiedlung in den Osten» handele, weil dort die Lebensbedingungen besser seien. Es gäbe dort Arbeit für die Arbeitswilligen und Arbeitsfähigen, mehr zu essen, bessere Wohnungen, Ärzte für die Kranken. In Griechenland bot man den Juden manchmal den Umtausch ihres griechischen Geldes in polnische Währung an, um sie davon zu überzeugen, die «Umsiedlung in den Osten» sei ernst gemeint. In Polen wurde den Juden zuweilen gesagt, dass sie zur Arbeit nach Deutschland müssten, und ihr polnisches Geld wurde in Reichsmark umgetauscht. In einem Ghetto erhielten Menschen, die sich freiwillig zur Deportation meldeten, warme Kleidung für die Reise. Und dann gab es gelegentlich das hinterhältige Angebot einer Sonderration Essen. Die hungernden Menschen meldeten sich, erhielten ihr Brot, verschlangen es und wurden dann in die Waggons getrieben, die sie in den Tod fuhren.

Die Deutschen waren überaus findig beim Ausdenken solcher Lügen und Täuschungsversuche. So hieß es zum Beispiel, man brauche fünfzehnhundert Juden zur Arbeit «in einer Fischfabrik». Neunzehnhundert meldeten sich freiwillig. Einige hundert «gebildete und junge» Juden wurden angeblich «für Buchhaltungsarbeiten» gesucht. Tausende kamen.

Warum fielen die Menschen auf solche Lügen herein? Waren sie dumm? Keineswegs. Es war doch vernünftig, davon auszugehen, dass ein Land im Kriegszustand so viele Arbeiter wie irgend möglich braucht. Es wäre doch dumm, geradezu wahnsinnig, ein derart riesiges Heer an Arbeitskräften zu vernichten. Genau das haben die Deutschen aber getan, obwohl sie Arbeitskräfte brauch-

Brot als Köder: Drei Tage lang hungerten die Deutschen die Ghetto-bewohner aus. Dann verkündeten sie, dass alle Brot bekommen würden, die sich freiwillig zur «Umsiedlung» meldeten.

ten. Auch das beweist, wie fest entschlossen die Nazis waren, alle Juden auszurotten.

Und doch liefen die Deportationen nicht immer so reibungslos ab, wie es die Deutschen gern gesehen hätten. In den Ghettos begriffen zwar immer noch nicht alle Menschen, dass die Deportationszüge sie in den Tod fahren sollten; manche wollten es einfach nicht glauben; aber den Lügen der Nazis glaubten sie auch nicht mehr. Und andere wussten oder ahnten die Wahrheit. Erfuhren sie also, dass eine Deportation bevorstand, versteckten sich viele Ghettobewohner wo immer und wie immer sie konnten – in Schornsteinen und Kaminen, in Abwasser-

93

kanälen, in umgebauten Kleiderschränken, in Erdlöchern. Die Menschenjäger mussten sorgfältig und gründlich nach ihren Opfern suchen. Nach einer Aushebung in Ostpolen fasste Polizeihauptmann Paier seine Erfahrungen so zusammen: «Für die Durchkämmungskräfte ist es unbedingt erforderlich, dass ihnen Beile, Äxte und andere Werkzeuge mitgegeben werden, da es sich herausgestellt hat, dass fast sämtliche Türen usw. verriegelt bzw. verschlossen waren und nur mit Gewalt geöffnet werden konnten.» Hatten die SS-Leute oder Polizisten die Türen eingeschlagen, fanden sie oft leere Räume vor. Paier: «Wenn auch keine Keller vorhanden sind, so hält sich dennoch eine große Anzahl von Personen in dem kleinen Raum zwischen Erde und Fußboden auf. Diese Stellen sind von außen aufzubrechen und entweder durch Diensthunde nachstöbern zu lassen ... bzw. ist dort eine Handgranate hineinzuwerfen, worauf in allen Fällen die Juden unverzüglich ins Freie kommen.»

Und als letzte Empfehlung: «Auf die Hinzuziehung von halbwüchsigen Personen zum Verrat dieser Verstecke unter Zusicherung ihres Lebens wird hingewiesen, diese Methode hat sich gut bewährt.» Nachdem sie Eltern, Großeltern oder befreundete Familien verraten hatten, wurden solche Kinder und Jugendlichen auch in die Konzentrations- und Vernichtungslager deportiert.

Wenn es wenig aussichtsreich oder zu umständlich erschien, sich irgendwelche Tricks auszudenken, verließen sich die Deutschen auf den Überraschungseffekt. Das Ghetto wurde in der Nacht von bewaffneten Soldaten umstellt, und dann tauchten ohne Warnung die Greiftrupps auf. Alte, Kranke und Kinder wurden gleich niedergemacht und die Aushebung war oft zugleich ein Blutbad. Ein Bewohner von Zamosc erinnerte sich: «Der Anblick des Ghettos nach dem Angriff trieb die Überlebenden in den Wahnsinn. Leichen überall, auf den Straßen, in den Höfen, in den Häusern. Säuglinge, die man aus dem dritten oder vierten Stock geworfen hatte, lagen zerschmettert auf dem Bürgersteig.»

Die Judenräte und die jüdische Polizei

Die Befehle der Deutschen wurden von den Judenräten an die Ghettobewohner weitergegeben. Die Mitglieder des Judenrats hafteten persönlich für den absoluten Gehorsam des Ghettos und die Erfüllung aller Gebote und Verbote.

Bevor die Deportationen einsetzten, hatten die Judenräte für die Organisation des Lebens im Ghetto gesorgt. Jetzt wurde den Judenräten befohlen, für die Erfüllung der geforderten Deportationsquoten zu sorgen, selbst also die Menschen auszusuchen, die in den Tod fahren mussten. Im Warschauer Ghetto wuchs diese Quote ständig an, bis der Judenrat Tag für Tag sechstausend, zeitweilig sogar zehntausend Menschen abzuliefern hatte. Der Judenrat stellte die Listen derjenigen zusammen, die gehen mussten, und die jüdische Polizei half bei der Aushebung, manchmal unterstützt von örtlichen nichtjüdischen Polizeikräften oder Freiwilligen, die von den Deutschen rekrutiert wurden.

Wie konnten die jüdischen Ratsmitglieder den Nazis auf diese Weise zur Hand gehen? Die Frage ist nicht leicht zu beantworten. Man darf dabei eins nicht vergessen: Zunächst dachte niemand im Ghetto auch nur im Traum daran, dass es das Ziel der Nazis sein könnte, alle Juden restlos auszurotten. Ein solcher Wahnsinnsgedanke wäre zivilisierten Menschen einfach nicht in den Sinn gekommen. So schlimm das Leben im Ghetto auch war, so schrecklich es auch war, Menschen zu deportieren – dass alle diese vielen Menschen einfach in den Tod verfrachtet wurden, war selbst den Juden zunächst schlicht unvorstellbar.

Viele Mitglieder der Judenräte litten schreckliche Gewissensqualen, wenn sie die Forderungen der Nazis durchsetzen mussten. Zweifellos gab es auch einige, die ihre Machtstellung genossen. Aber die meisten glaubten

Kinder aus dem Waisenhaus des Ghettos in Lodz auf ihrem Weg zum Deportationszug

wohl, mit der Erfüllung der immer neuen, immer brutaleren Befehle könnten sie dazu beitragen, die im Ghetto verbliebenen Juden vor einem noch schlimmeren Schicksal zu bewahren. Auch wenn sie die Wahrheit über die geplante «Endlösung» erkannten, glaubten viele, dass sie durch die Ablieferung der geforderten Menschenquoten an die Deutschen wenigstens einen kleinen Rest – vor allem einige noch arbeitsfähige Juden – retten könnten.

Alle Mitglieder der Judenräte wussten, dass die Deutschen sie und ihre Familien ermorden würden, wenn sie den Gehorsam verweigerten – und nicht nur sie, sondern einige hundert weitere unschuldige Juden, die von den Nazis als Geiseln für das Wohlverhalten der Räte betrachtet wurden. Aber als die Quoten immer größer wurden und die Judenräte immer unmenschlichere Auswahlkriterien – zum Beispiel Deportation aller Kinder unter zehn und aller Erwachsenen über fünfundsechzig – anwenden mussten, begingen einige Mitglieder der Judenräte lieber Selbstmord oder meldeten sich mit ihren Familien freiwillig zur Deportation.

In den größeren Ghettos, so etwa in Warschau, wurden die Befehle der Deutschen mit Hilfe der jüdischen Polizei durchgesetzt. Es ist nicht zu leugnen, dass einige Mitglieder der jüdischen Polizei fast so brutal waren wie die deutschen SS-Leute und Polizisten und ihre Machtstellung auskosteten. Ihnen war wohl nicht bewusst, wie kurzlebig diese Machtposition war. Bei der Aushebung der Menschen für die Deportation ging die jüdische Polizei oft mit großer Härte vor.

Für diese Polizisten gilt die gleiche Frage wie bei den Judenräten: Warum haben sie mitgemacht? Wie konnten sie so etwas tun? Ein nahe liegender Grund lautet: Hätten sie die Befehle der Deutschen nicht ausgeführt, wären sie von den Deutschen erschossen worden. Hinzu kam, dass die Frauen und Kinder der jüdischen Polizisten von der Deportation ausgenommen wurden, solange sie die vorgeschriebenen Quoten erfüllten. Als ein jüdischer Polizist ein schreiendes Kind seiner verzweifelten Mutter entriss, fragte sie ihn, wie ein Mensch so etwas tun könne. Er gab zurück:

«Wie kommst du darauf, dass ich ein Mensch bin? Vielleicht bin ich ein wildes Tier. Ich habe eine Frau und drei Kinder. Wenn ich bis fünf Uhr meine fünf Stück nicht abgeliefert habe, nehmen sie meine Kinder. Verstehst du das nicht? Ich kämpfe hier um das Leben meiner eigenen Kinder!»

Es gibt also keine einfachen Antworten. Es ist sehr schwer zu entscheiden, ob diese Menschen gut oder schlecht waren. Vielleicht hat niemand von uns das Recht, über sie ein Urteil zu fällen. Sie standen vor einer schrecklichen Wahl, wie sie nur wenige Menschen in der Geschichte treffen mussten. Es war eine Entscheidung, die so oder so unschuldigen Menschen den Tod brachte. Wenn sie sich dafür entschieden, den Befehl nicht auszuführen, so hatten sie damit bereits den Tod für sich gewählt, und nicht nur für sich, sondern auch für ihre Frauen und Kinder.

Am Ende machte es jedoch keinen Unterschied, wie sie sich entschieden. Juden waren Juden. Die Mitglieder der Judenräte und der jüdischen Polizei erlitten das gleiche Schicksal wie alle anderen.

Die Züge

Der Transport von Millionen Menschen aus den Ghettos und Deportationszentren zu den Vernichtungslagern erforderte die Entwicklung eines genau abgestimmten Fahrplans für mehrere hunderttausend Kilometer Bahnstrecke und einige tausend Eisenbahnwaggons sowie den koordinierten Einsatz einer Vielzahl verschiedener Arbeitskräfte.

Die Entwicklung dieses komplizierten Plans und seine ständige Verbesserung war größtenteils das Werk eines einzigen Menschen. Sein Name war Adolf Eichmann. Als Leiter des Judenreferats IV B 4 hatte SS-Obersturmbannführer Eichmann die Vollmacht erhalten, den Zugverkehr in die Lager unter allen Bedingungen aufrechtzuerhalten. Selbst höherrangige Nazigrößen mussten sich den Forderungen des Judenreferats beugen. Diese Macht hatte Eichmann vom «Reichsführer SS» Himmler erhalten und Himmlers Autorität stammte direkt von Adolf Hitler. «Das Wichtigste ist mir nach wie vor, dass jetzt an Juden nach dem Osten abgefahren wird, was überhaupt nur menschenmöglich ist», schrieb Himmler 1943. «(Ich) will lediglich mitbekommen, was monatlich abgefahren worden ist und was zu diesem Zeitpunkt noch an Juden übrig bleibt.»

Also rollten die Züge mit ihrer Menschenfracht weiter in die Lager. Auf Anordnung Himmlers hatten die Züge mit den Deportierten Vorrang vor anderen Zügen.

Die Fahrpläne kann man noch heute sehen. Sie sehen aus wie ganz gewöhnliche Eisenbahnfahrpläne mit den üblichen Ankunfts- und Abfahrtszeiten. Die Züge sind nicht besonders gekennzeichnet, außer dass Transporte mit Juden von außerhalb Polens mit DA, solche aus dem Generalgouvernement mit PK oder PJ bezeichnet wurden. Die Bahnhöfe werden nicht gesondert hervorgehoben und lesen sich wie die Namen anderer Bahnhöfe auch: Chelmno, Treblinka, Auschwitz …

Die Eisenbahngesellschaften in den verschiedenen Ländern stellten der SS für den Transport der Juden Rechnungen aus, wie sie es für andere Passagiere auch getan hätten. Einen besonders günstigen Sondertarif für Gruppen von vierhundert und mehr Personen bot die Deutsche Reichsbahn an. Kinder unter zehn Jahren bezahlten den halben Preis, Kinder unter vier Jahren konnten umsonst reisen. Für die jüdischen Passagiere wurde natürlich nur die einfache Fahrt berechnet, für die Begleitmannschaften Hin- und Rückfahrt.

Der Fahrpreis galt für Menschen; die Juden allerdings wurden in Viehwaggons transportiert. Die Waggons waren für den Transport von acht Pferden oder vierzig Soldaten zugelassen. In diese Wagen stopfte man jeweils hundertzwanzig bis hundertdreißig Männer, Frauen und Kinder.

Die Türen wurden geschlossen und von außen verriegelt, manchmal sogar zugenagelt. Im Waggon waren die Menschen so dicht zusammengedrängt, dass sie weder sitzen noch liegen konnten. Es gab nichts zu essen. Es gab kein Wasser. Es gab keine Möglichkeit, den Waggon zu heizen, obwohl die Züge auch im tiefsten Winter fuhren und die Reise oft mehrere Tage dauerte. Wenn es überhaupt Licht gab, dann durch eine kleine, vergitterte oder mit Stacheldraht versperrte Öffnung. Im Winter erfroren viele Menschen in den Zügen. Im Sommer erstickten oder verdursteten sie in der fürchterlichen Enge und Hitze. Der Dreck und der Gestank waren unbeschreiblich. Manche beteten, manche schrien, manche schwiegen, manche verloren den Verstand. Bei einem Transport von tausend Juden fand man oft bei der Ankunft – fahrplanmäßig, wie es sich gehört – bis zu zweihundert Tote.

Nach Treblinka

Aus ganz Europa kamen die Züge, planmäßig, pausenlos. Auch als Deutschland eine Niederlage nach der anderen erlitt, als die deutschen Militärs händeringend um Züge für den Transport von Material und Soldaten baten, rollten stattdessen die Züge mit den Juden weiter.

Zu dieser Leistung beglückwünschten sich die Verantwortlichen gegenseitig. So schrieb Himmlers Feldadjutant, SS-Obersturmbannführer Karl Wolff, an einen Beamten des Verkehrsministeriums folgenden Brief: «Mit besonderer Freude habe ich von Ihrer Mitteilung Kenntnis genommen, dass nun schon seit 14 Tagen täglich ein Zug mit je 5000 Angehörigen des auserwählten Volkes nach Treblinka fährt ... Ich habe von mir aus mit den beteiligten Stellen Fühlung aufgenommen, sodass eine reibungslose Durchführung der gesamten Maßnahmen gewährleistet erscheint. Ich danke Ihnen nochmals für die Bemühungen in dieser Angelegenheit und darf Sie gleichzeitig bitten, diesen Dingen auch weiterhin Ihre Beachtung zu schenken.

Heil Hitler!

Ihr Ergebener W.»

Die Lager

Ich bin ... der Ansicht, dass man Bronzetafeln versenken sollte, auf denen festgehalten ist, dass wir den Mut gehabt haben, dieses große und so notwendige Werk durchzuführen.

Odilo Globocnik, Höherer SS- und Polizeiführer in Lublin,
Leiter der «Aktion Reinhard»

Ankunft

«Die Waggontüren wurden unter ohrenbetäubendem Geschrei aufgerissen. Überall standen SS-Männer mit Peitschen und scharfgemachten Schäferhunden. Die kaum beherrschte Angst verwandelte sich in Panik, als Familien brutal auseinander gerissen wurden. Eltern riefen nach ihren verlorenen Kindern, Mütter schrien ihre Namen über dem Gebrüll der Wachposten.»

Die Menschen wurden ans Ende des Bahnsteigs getrieben, wo sie zwei Schlangen bilden mussten, auf der einen Seite die Männer, auf der anderen die Frauen und Kinder. Einer nach dem anderen marschierten sie an zwei Ärzten vorbei, die an Ort und Stelle die erste Selektion vornahmen. Dieses Auswahlverfahren beschrieb der Kommandant von Auschwitz, Rudolf Höß:

«Zwei SS-Ärzte waren in Auschwitz tätig, um die einlaufenden Gefangenentransporte zu untersuchen. Die Gefangenen mussten bei einem der Ärzte vorbeigehen, der bei ihrem Vorbeimarsch durch Zeichen die Entscheidung fällte. Diejenigen, die zur Arbeit taugten, wurden ins Lager geschickt. Andere wurden sofort in die Vernichtungsanlagen geschickt. Kinder im zarten Alter wurden unterschiedslos vernichtet, da auf Grund ihrer Jugend sie unfähig waren, zu arbeiten.»

Wer nach rechts geschickt wurde, durfte noch einige Tage, Wochen oder Monate leben. Wer nach links geschickt wurde, musste sofort sterben. Ein Häftling, der Auschwitz überlebte, beschrieb die Prozedur bei der Ankunft so:

«Ich hatte die Gelegenheit, den berüchtigten Dr. Mengele bei seinem makabren Spiel zu beobachten. Mit dem Zeigefinger teilte er Leben und Tod aus. Bei jedem Opfer, das vor ihm erschien, bewegte er den Finger wie

Der Eingang zum Hauptlager des KZ Auschwitz

ein Metronom hin und her, ohne mit der Wimper zu zucken, das Gesicht wie aus Eis geschliffen. Nur der Finger lebte, ein eigenständiges Lebewesen von seltener Macht, das seine schreckliche Botschaft mitteilte ...

Als die Kinder an die Reihe kamen und vor diesem Automaten standen, streckten sie die jämmerlichen Ärmchen aus, baten und bettelten um ihr Leben: ‹Bitte, Herr General. Sehen Sie, wie stark ich bin. Ich kann arbeiten. Ich will leben. Sehen Sie doch, wie stark.› Aber die als Mensch getarnte Rechenmaschine ließ den Finger nach links ausschlagen. Alle kamen in die Gaskammern. Die deutsche Volkswirtschaft konnte die Arbeit eines Zwölfjährigen nicht gebrauchen.»

Nicht nur Kinder wurden ausgesondert. Als «lebensunwert» galten auch Alte und Kranke, Schwangere und Behinderte. Gelegentlich gab es auch «Pannen», und junge, gesunde Männer und Frauen wurden ins Gas geschickt.

Wer nicht sofort in die Gaskammern geschickt wurde, gehörte also zu denen, die Glück gehabt hatten, die noch leben durften. Was bedeutete aber Glück haben, was sollte das für ein Leben in diesem Auschwitz sein?

So stellte sich das Lager einem Neuankömmling dar: «Die Lagerstraße war mit Leichen übersät; Leichen hingen im Stacheldraht; ständig hallten Schüsse durch die Luft. Leuchtende Flammen schossen in den Himmel; darüber erhob sich eine riesige Rauchwolke. Hungernde, ausgemergelte menschliche Skelette taumelten auf uns zu, aus ihren Mündern kamen unverständliche Geräusche. Vor unseren Augen brachen sie zusammen ...»

Das Unbeschreibliche beschreiben

Es ist vielleicht gar nicht möglich, über die Lager zu schreiben.

Für einen Menschen, der nicht im Lager gewesen ist, der das Lager nicht durchlebt, sondern nur darüber gelesen hat, verdichten sich nach einer Weile alle Wörter und Sätze zu einem einzigen Bild der Hölle. Was dort geschah, lässt sich einfach nicht beschreiben.

Ja, sicherlich kann man die Folterszenen beschreiben. Man kann über die Grausamkeiten berichten, mit denen Menschen erniedrigt, entsetzlich gequält und getötet wurden. Man kann die Funktionsweise eines Lagers in einer Zeichnung veranschaulichen und die Aktivitäten eines durchschnittlichen Tages in Form eines Stundenplans auflisten.

Aber was es hieß, dort zu sein, das Leben eines Lagerhäftlings zu führen, kann ein Mensch, der das nicht selbst erlebt hat, nie wirklich erfassen.

Ein Überlebender hat gesagt:

«Ebenso wie unser Hunger nicht mit der Empfindung dessen zu vergleichen ist, der eine Mahlzeit ausgelassen hat, verlangt auch unsere Art zu frieren nach einem eigenen Namen. Wir sagen ‹Hunger›, wir sagen ‹Müdigkeit›, ‹Angst› und ‹Schmerz›, wir sagen ‹Winter›, und das sind andere Dinge. Denn es sind freie Worte, geschaffen und benutzt von freien Menschen, die Freud und Leid in ihrem Zuhause erlebten. Hätten die Lager länger bestanden, wäre eine neue, harte Sprache geboren worden; man braucht sie einfach, um erklären zu können, was das ist, sich den ganzen Tag abzuschinden in Wind und Frost, nur mit Hemd, Unterhose, leinener Jacke und Hose am

Leib, und in sich Schwäche und Hunger und das Bewusstsein des nahenden Endes.»

Neben der maschinellen Tötung, dem durchgeplanten Tod in der Gaskammer, gab es den Tod durch Arbeit, durch Folter, durch Hunger. Die Menschen, die im Lager lebten, Dreck, Hunger und Krankheit erlitten, umgeben waren von Elend, Tod und Fäulnis – sie lebten im Bewusstsein, dass jeder Tag des Überlebens eine reine Glückssache war, purer Zufall. Nur durch Zufall entgingen sie einer Selektion, mit der die Tagesquote der zu ermordenden Menschen aufgefüllt wurde. Nur der Zufall verschonte sie davor, aus einem nichtigen Anlass zu Tode geprügelt oder als lebende Zielscheibe beim Übungsschießen benutzt zu werden. Nur der Zufall bewahrte sie davor, erschöpft zusammenzubrechen, was automatisch zur Folge gehabt hätte, dass sie vom nächstbesten Wachposten erschossen worden wären. Nur durch Zufall erlagen sie nicht einer Krankheit, die sie sofort in Kandidaten für die Gaskammer verwandelte.

Was in den Lagern passierte, übersteigt die menschliche Vorstellungskraft und das menschliche Darstellungsvermögen.

Aber die Lager gab es wirklich. Sie existierten. Millionen Männer, Frauen und Kinder sind dort gestorben. Einige wenige haben sie mit knapper Not überlebt. Also muss der Versuch unternommen werden, sie zu beschreiben. Erstens im Gedenken an die vielen, die nicht überlebten. Und zweitens, um dazu beizutragen, dass sich so etwas auf keinen Fall wiederholt.

Zweckbestimmung

Die ersten Konzentrationslager entstanden wahrscheinlich deshalb, weil die bestehenden Gefängnisse zu klein waren, um die vielen Menschen zu fassen, die von den Nazis verhaftet wurden. Dachau zum Beispiel wurde bereits 1933 fertig gestellt, als Hitler noch nicht einmal ein Jahr an der Macht war. Die wichtigsten Konzentrationslager in Deutschland und Österreich wurden bereits in den Jahren vor dem Kriegsausbruch eingerichtet – neben Dachau (bei München) waren das Buchenwald (bei Weimar), Sachsenhausen (bei Berlin), Flossenbürg (bei Neustadt an der Waldnaab), Mauthausen (in Oberösterreich) und das Frauenlager Ravensbrück (bei Gransee). Die ersten Insassen waren Deutsche, die meisten von ihnen politische Gefangene, Gegner des Regimes. Unter ihnen befanden sich auch Juden, die vor 1938 festgenommen worden waren. Hinzu kamen so genannte Asoziale, also Menschen, die nach Ansicht der Nazis außerhalb der zivilisierten Gesellschaft standen. Dazu gehörten Berufsverbrecher, Obdachlose, Zigeuner, Prostituierte und Arbeitsunwillige. Dann kamen die Unangepassten – Homosexuelle zum Beispiel oder Zeugen Jehovas. Diese Christen wurden von den Nazis als Gefahr angesehen, weil ihnen ihre Religion nicht gestattet, in den Streitkräften irgendeines Landes zu dienen.

Jeder Häftling erhielt eine Nummer, die auf die Lagerkleidung aufgenäht wurde. Verschiedenfarbige Dreiecke zeigten an, welcher Kategorie der oder die Gefangene angehörte. Politische Gefangene bekamen ein rotes Dreieck, «Asoziale» ein schwarzes, Rosa war für Homosexuelle, für «Bibelforscher» bzw. Zeugen Jehovas gab es Lila.

Ein grünes Dreieck bezeichnete «befristete Vorbeu-
gungshäftlinge», von den Nazis auch «Berufsverbrecher» genannt; die abgebrühtesten unter ihnen erhielten
Posten und damit Autorität und Macht über die anderen
Häftlinge. In diesen frühen Jahren wurden festgenom-
mene Juden einer der bestehenden Kategorien zugeteilt.
Auf ihrer Lagerkleidung trugen sie das jeweilige Dreieck
über einem gelben Dreieck; zusammen bildeten diese
Dreiecke den sechszackigen Davidstern.

Die erste Massenfestnahme von Juden erfolgte nach
der «Reichskristallnacht» 1938. Über 30000 wurden in
die Lager geschleppt und – falls sie die Misshandlungen
überlebt hatten – nur freigelassen, wenn ihre Familien
eine bestimmte Geldsumme aufbringen und Auswande-
rungspapiere vorweisen konnten. Diese Festnahme
diente also noch der Vertreibung der Juden, nicht ihrer
Vernichtung. Die Freigelassenen wurden unter Andro-
hung schlimmer Repressalien gegen sie selbst und ihre
Familien zum Stillschweigen über die Bedingungen im
Lager und ihre eigenen Erlebnisse verpflichtet.

Mit dem Ausbruch des Krieges kam eine riesige Anzahl neuer Häftlinge in die Lager. Kriegsgefangene, Angehörige der polnischen Führungsschicht, Nazigegner,
Mitglieder von Widerstandsgruppen und so weiter. Neue
Lager mussten gebaut werden. Zusätzlich zu den großen
Lagern entstanden Dutzende von kleineren Neben- und
Außenlagern, wo die Bedingungen genauso schlimm waren wie in den so genannten Stammlagern, manchmal
sogar noch schlimmer. Dachau hatte 168 Nebenlager, Buchenwald 133. Bis Ende 1942 gab es 16 Stammlager und
buchstäblich Hunderte kleinerer Lager, und bis in das
letzte Kriegsjahr hinein wurden immer neue gebaut.

Sklavenarbeit

Im Krieg entwickelten sich die Lager zu einem Riesen-unternehmen, das auf Sklavenarbeit aufgebaut war. Zu jedem Lager gehörte ein SS-Industriebetrieb, der teil-weise noch aus der Vorkriegszeit stammte. Mauthausen hatte seinen Steinbruch; Ravensbrück Textilien; in Auschwitz gab es neben der SS-Waffenfabrik Anlagen zur Fischzucht und zur experimentellen Pflanzenaufzucht.

Die SS verwendete die Gefangenen nicht nur für ihre eigenen Wirtschaftsbetriebe, sondern überließ sie auch

Der Steinbruch bei Mauthausen, einem der ersten Lager. Die Häftlinge mussten die schweren Steinblöcke auf ihren Rücken schleppen. Wenn sie nicht auf andere Weise ermordet wurden, brachte die Schwerstarbeit sie im Allgemeinen innerhalb von sechs Wochen bis drei Monaten um.

privaten deutschen Firmen als «Leiharbeiter». Gelegentlich kamen Vertreter deutscher Wirtschaftsunternehmen selbst in die Lager, um sich die Arbeitskräfte auszusuchen. Für diese mit Hungerrationen ernährten Sklavenarbeiter, die sie «zu Tode arbeiten durften», zahlten die Industriellen zwischen vier und sechs Reichsmark pro Tag und Kopf an die SS. Der I.G.-Farben-Konzern, der über 20000 Sklavenarbeiter beschäftigte, bezahlte vier Reichsmark für einen gelernten Arbeiter, drei für einen ungelernten Arbeiter und anderthalb Reichsmark für ein Kind.

Neben dem I.G.-Farben-Konzern beteiligten sich auch Firmen, deren Namen heute weltweit bekannt sind, an der Ausbeutung von Sklavenarbeit – darunter Krupp, Siemens, Telefunken und Porsche.

In ganz Osteuropa wurden mehrere hundert Arbeitslager nur für Juden eingerichtet. Allein im Generalgouvernement waren es 125. Diese Arbeitslager waren genau genommen keine Konzentrationslager; aber die Bedingungen waren oft genauso schlimm oder schlimmer als im KZ. Eine Baustelle wurde auch dann als «Arbeitslager» bezeichnet, wenn die dort schuftenden Juden keine Baracken besaßen und auf der nackten Erde schlafen mussten. Im Grunde waren die Lager auch keine «Arbeitslager», sondern Lager, in denen Juden bei der Arbeit getötet wurden: sie bekamen fast nichts zu essen und hatten oft keinen Schutz gegen die bittere Kälte oder die sengende Hitze außer den Lumpen, die sie am Körper trugen. Wenn sie Schwäche zeigten oder vor Erschöpfung ohnmächtig wurden, prügelte man sie wegen «Arbeitsverweigerung» zu Tode. Schließlich wurden diese Arbeiter, wie die Menschen aus den Ghettos, in die Vernichtungslager geschafft und getötet – wenn sie überhaupt so lange am Leben blieben. Die Vernichtungslager selbst wurden weitgehend von jüdischen Zwangsarbeitern errichtet. Sowohl Juden als auch Nichtjuden wurden zur Sklavenarbeit gezwungen. Aber die Juden wurden mit voller Absicht besonders unmenschlich behandelt, schlimmer als jede andere Häftlingsgruppe. Selbst dann, wenn ihre Arbeitskraft gebraucht wurde, wenn ihre Arbeit einen entscheidenden Beitrag zur deutschen Kriegswirtschaft bedeutete, waren sie so oder so zum Tod verurteilt. «Vernichtung durch Arbeit» – so lautete die offizielle Politik. Was war der Grund für diese scheinbar widersinnige Politik? Schlicht und einfach folgender: Was die Juden produzierten, könnte zwar den Deutschen helfen, den Krieg zu gewinnen. Aber eins der wichtigsten Ziele dieses Krieges war eben die Vernichtung der Juden.

Die Vernichtungslager

Es ist fast irreführend zu sagen, dass die Vernichtungslager anders waren als die Konzentrationslager. Zwar gab es in allen Vernichtungslagern Gaskammern, was bei vielen Konzentrationslagern nicht der Fall war. Aber in Buchenwald und vielen anderen Konzentrationslagern gab es beispielsweise besondere Einrichtungen für Massenerschießungen. Und jeden Tag forderten der Sadismus der Wachen und der KZ-Leitungen, die Brutalität und der Hunger des Alltags Tausende von Menschenleben. Allein in Auschwitz starben während eines Winters an jedem einzelnen Tag der Monate Dezember und

Januar etwa vierhundert Häftlinge außerhalb der Gaskammern.

Und doch waren die Vernichtungslager anders. Mehr als jede andere Maßnahme der Nazis zeigen diese Lager das volle Ausmaß ihres Hasses gegen die Juden und die Entschlossenheit des Regimes, sie alle auszurotten.

Die Grundsätze der «Endlösung» wurden auf der Wannseekonferenz im Januar 1942 beschlossen. Aber es ist klar, dass solche Pläne seit längerer Zeit bereits in der Luft lagen. Die mit Massenmord beauftragten Einsatzgruppen durchkämmten bereits die besetzten Gebiete. Die überwältigende Mehrzahl ihrer Opfer waren Juden. Ab November 1941 wurden die mobilen Gaswagen eingesetzt, und ab Dezember 1941 – einen Monat vor der Wannseekonferenz – wurden in Chelmno bereits massenhafte Vergasungen mit Kohlenmonoxid durchgeführt. Das Experiment mit Zyklon B in Auschwitz hatte sogar noch früher stattgefunden, im Sommer 1941. Heydrich hatte von der Notwendigkeit einer «Sonderbehandlung» der Juden gesprochen, die man nicht durch Arbeit vernichten könne. Jetzt wurde allmählich klar, wie diese Sonderbehandlung aussehen würde.

Mit Hilfe zweier Experten, die schon für das Euthanasieprogramm zuständig gewesen waren, Christian Wirth und Viktor Brack, wurden sechs Lager zu Vernichtungszentren ausgebaut. In allen diesen Tötungszentren wurde Gas eingesetzt. Zwei Lager – Auschwitz und später Majdanek – benutzten das Gift Zyklon B, das ursprünglich zur Vertilgung von Ratten und Ungeziefer entwickelt worden war. In den anderen Lagern wurde Kohlenmonoxid durch einen Schlauch in die Gaskammer geleitet. Zu diesem Zweck lief neben der Kammer ein Dieselmotor. Alle sechs Lager befanden sich in Polen und wurden in der folgenden Reihenfolge in Betrieb genommen:

Chelmno	Dezember	1941
Auschwitz	Februar	1942
Belzec	März	1942
Sobibor	April	1942
Treblinka	Juli	1942
Majdanek	September	1942

Drei Lager wurden extra für die «Aktion Reinhard» gebaut – zur Vernichtung der Juden Polens.

Von der Ankunft bis zur «Beseitigung»

Als sie halb benommen den Zug verließen, wussten die Ankommenden in der Regel nicht, was ihnen unmittelbar bevorstand. Ihnen wurde der Eindruck vermittelt, sie seien in einem Arbeitslager oder einem Durchgangslager. Die Tötungsanlagen waren hinter Bäumen oder anderen Gebäuden versteckt. So blieben sie oft ahnungslos, bis sich die Tür der Gaskammer hinter ihnen geschlossen hatte. Und selbst in der Kammer gab es zur Tarnung Duschköpfe, die den Eindruck eines Baderaums vermitteln sollten.

Die ganze Prozedur – von der Ankunft der Opfer bis zur Beseitigung ihrer Leichen – ging so schnell wie möglich vor sich. Im Eiltempo wurden die Menschen aus dem Zug geholt und durch die verschiedenen Abfertigungsstadien gejagt. So blieben sie in einer Art Schockzustand und konnten nicht über das nachdenken, was mit ihnen geschah. Sie waren desorientiert und darum eher geneigt, allen Befehlen widerstandslos zu gehorchen. Je verwirrter sie waren, je weniger Widerstand sie leisteten, desto leichter war die Aufgabe der SS-Leute. Das Verfahren war einfach und ging schnell. Der Zug wurde geleert, das Gepäck auf dem Bahnsteig aufgestapelt und die Selektion derjenigen vorgenommen, die vorläufig am Leben bleiben sollten. Manchmal gab es keine Selektion und alle mussten direkt ins Gas gehen. Dann wurden die Opfer abgeführt, manchmal im Laufschritt. Sie mussten sich in einem Vorraum ausziehen. Dann gingen sie – freiwillig oder gezwungen – in die Gaskammer. Die schwere Tür wurde geschlossen und verriegelt. Minuten später waren sie alle tot – erstickt.

Die Leichen wurden von anderen Juden, die vorläufig am Leben bleiben durften, aus den Gaskammern geholt. Diese mussten etwa verbliebenen Schmuck von den Toten entfernen, die Goldzähne herausbrechen, den Frauen die Haare abschneiden, die Kleidung und das Gepäck aus dem Vorraum sortieren und die Leichen der Vergasten zu den Gruben oder Öfen karren oder schleppen. Anfangs begrub man die Ermordeten. Später wurden sie verbrannt. In Auschwitz und einigen Konzentrationslagern, zum Beispiel in Buchenwald, gab es hierfür große, eigens zu diesem Zweck entworfene Öfen. Die Verbrennung der Toten und die Entfernung ihrer Asche von den Öfen war auch die Arbeit von Juden, die dafür eine kleine Weile am Leben gelassen wurden.

Dann wurden auch sie getötet und durch neue, jüngere und gesündere Juden von anderen Transporten ersetzt.

Tarnung und Täuschung

In allen Vernichtungslagern wurden die Tötungsanlagen getarnt. So wurden Schilder in verschiedenen Sprachen angebracht, auf denen zu lesen war: ZUM ARZT und ZUM BAD (so in Chelmno). In Belzec hieß es: WASCH-RAUM UND INHALIERGERÄTE. In Auschwitz gab es an den Wänden des Vorraums nummerierte Haken für die Kleidung und man sagte den Opfern, sie sollten sich ihre Nummer merken, damit sie «nach der Dusche» ihre Sachen wieder finden könnten. In Treblinka wurden 1942 sehr aufwendige Tarnungsmaßnahmen durchgeführt. Die Ankunftsstelle wurde wie ein richtiger Bahnhof ausgestattet, mit einer Uhr (deren Zeiger sich nie bewegten), einem Warteraum, einem Fahrkartenschalter und Fahrplänen. Diejenigen, die nicht schnell genug zur Gaskammer gehen konnten, vor allem Krüppel, Greise und Gebrechliche, wurden zu einem Gebäude geschickt, über dem die Fahne des Roten Kreuzes wehte und auf dem das Schild LAZARETT zu lesen war. Sie betraten zunächst einen Warteraum mit Polstersesseln und gingen dann durch eine weitere Tür, die sie nach draußen führte, wo sie durch einen Schuss in den Hinterkopf getötet und in eine Grube geworfen wurden.

Am Giebel des Gebäudes, in dem sich die Gaskammer befand, prangte ein großer Davidstern. Auf dem schweren Vorhang, der den Eingang abschirmte und aus einer Synagoge geraubt war, stand in hebräischen Lettern geschrieben: DIESES TOR FÜHRT ZU GOTT. HIER TRETEN DIE GERECHTEN EIN.

Manchmal händigten sogar die mit weißen Kitteln

bekleideten Wachen den Opfern vor dem Betreten der Gaskammern Seife und Handtuch aus. Den Kindern gab man zuweilen Bonbons. Die Aufseher wurden zu Schauspielern, nannten die Todeskandidaten «meine Herrschaften», «Madame» und «mein Herr». Die Duschen seien eine notwendige Gesundheitsmaßnahme, erklärten sie. Nachher gebe es etwas zu essen.

Ein Überlebender von Auschwitz erinnerte sich an die Ansprache eines SS-Mannes an eine Gruppe griechischer Juden, die im Entkleidungsraum vor der Tür zur Gaskammer standen. Noch in diesem Augenblick wurden sie über ihre Situation getäuscht:

«Im Namen der Lagerleitung heiße ich Sie willkommen.

Sie befinden sich nicht in einem Ferienlager, sondern in einem Arbeitslager. So wie unsere Soldaten an der Front unter Einsatz ihres Lebens für den Sieg des Reichs kämpfen, werden auch Sie für das Wohlergehen des neuen Europa arbeiten müssen. Wie Sie sich in dieser Aufgabe bewähren, hängt allein von Ihnen selbst ab. Für jeden von Ihnen aber gibt es diese Möglichkeit.

Wir kümmern uns um Ihre Gesundheit und wir bieten Ihnen eine gut bezahlte Arbeit. Nach dem Krieg werden wir die Verdienste jedes Einzelnen würdigen und jeden Einzelnen entsprechend behandeln.

Ich bitte Sie nunmehr, sich auszuziehen. Hängen Sie Ihre Kleidungsstücke an die von uns bereitgestellten Haken, und merken Sie sich bitte die Nummer. Nach dem Bad gibt es für alle eine Schüssel Suppe und etwas Kaffee oder Tee.»

Das Schauspiel verfehlte selten seine Wirkung. Der Überlebende weiter: «Lammfromm zogen sie sich aus,

Deutsche Juden melden sich zur Deportation. Anders als in den Ostge-
bieten wurden die Juden in Westeuropa oft in normalen Personenwag-
gons transportiert, um den Eindruck zu erwecken, dass man sie nur aus
Arbeitsgründen «umsiedeln» und gut behandeln würde. Die Waggons
sind hinten im Bild zu sehen.

ohne dass man sie anschreien oder schlagen musste ...
Nach kurzer Zeit war der Hof leer, bis auf die Schuhe,
Ober- und Unterbekleidung, Koffer und Kartons, die
überall verstreut umherlagen ... Hunderte von getäusch-
ten Männern, Frauen und Kindern waren ahnungslos
und widerstandslos in den großen, fensterlosen Raum
gegangen.»

Am besten gelang die Täuschung bei den Opfern aus
Westeuropa. Die Juden dort hatten noch nichts über Vergasungen gehört; die Gerüchte darüber waren nicht bis

zu ihnen vorgedrungen. Einige von ihnen waren zunächst in die Ghettos deportiert worden und hatten dort eine kurze Zeit verbracht, bevor sie ihre letzte Reise antraten, aber viele hatten die Grausamkeit der Deutschen noch nicht am eigenen Leib erfahren. Bereits als sie sich zur «Umsiedlung» einfanden, fingen die Täuschungsversuche an. Manchmal wurden sie sogar mit Personenzügen in die Vernichtungslager gefahren und erhielten unterwegs sogar Verpflegung «aus dem Speisewagen». Die meisten glaubten den Geschichten, die man ihnen aufgetischt hatte: dass sie unterwegs waren in ein Gebiet irgendwo «im Osten», wo sie arbeiten sollten und die Bedingungen besser sein würden. Im Großen und Ganzen gab es mit ihnen keine Probleme; der reibungslose Ablauf der Todesmaschinerie wurde von ihnen nicht gestört.

Die Juden aus Polen und Osteuropa allerdings mussten die Deutschen oft anders behandeln. Sie hatten die Ghettos durchgemacht und die schreckliche Reise in den verriegelten Güterwaggons überlebt. Viele von ihnen kannten die Wahrheit oder ahnten sie wenigstens; das wusste auch die SS. Diese Menschen empfing man nicht mit beruhigenden Reden, sondern mit Gebrüll und Einschüchterung. Mit Gewalt wurden sie aus den Waggons getrieben, von allen Seiten in einer ihnen unbekannten Sprache angeschrien, mit Peitschen und Keulen durch die verschiedenen Stadien hin zur Vernichtung geprügelt.

Ob die Prozedur nun ruhig oder unter Einsatz von Gewehrkolben und Schlagstöcken ablief – das Ende war immer gleich. «Wenn der Letzte die Schwelle zur Gaskammer überschritten hatte, wurde die mit einer Gummidichtung versehene schwere Eisentür von zwei SS-Männern geschlossen und verriegelt.»

Auf den Befehl eines SS-Offiziers hin warfen SS-Männer die Zyklon-B-Kugeln durch Luken im Dach beziehungsweise ließen den knatternden Dieselmotor an. Es dauerte zwischen fünf und fünfundvierzig Minuten, bis das Gas seine Wirkung getan hatte.

Opfer und Überlebende in Zahlen

Wir werden nie genau wissen können, wie viele Menschen in jedem einzelnen Lager getötet wurden. Die SS führte nicht Buch über die einzelnen Menschen, die direkt von den Zügen in die Gaskammern gingen. Hier wird die ungefähre Zahl der Opfer in den sechs Vernichtungslagern angegeben. Ganz rechts ist die Zahl der Überlebenden, soweit bekannt.

LAGER	OPFER	ÜBERLEBENDE
Chelmno (Kulmhof)	360 000	3
Belzec	600 000	2
Sobibor	250 000	64
Treblinka	800 000	weniger als 40
Majdanek	500 000	weniger als 400
Auschwitz	1 500 000 bis 2 000 000	einige tausend, weil Auschwitz zugleich KZ und Vernichtungslager war

120

Wie die Nazis wirtschafteten

Den Nazis ging es nicht nur darum, die Juden loszuwerden. Sie wollten aus ihrem Mord auch noch Profit schlagen. Darauf wurde bei der Planung sorgfältig geachtet. Nach Möglichkeit sollte die ganze Vernichtungsmaschinerie kostendeckend arbeiten. So wurden zum Beispiel die Rechnungen der Reichsbahn für den Transport der Juden in die Lager aus geraubtem jüdischem Eigentum bezahlt. Juden mussten die Lager mit aufbauen. Sie arbeiteten entweder in SS-eigenen Betrieben oder die private Wirtschaft zahlte für ihre Sklavenarbeit an die SS. Die notwendigen Instandhaltungsarbeiten in den Lagern wurden größtenteils von jüdischen Zimmerleuten, Elektrikern, Rohrlegern und so weiter erledigt.

Einige Juden mussten als *Sonderkommandos* arbeiten. In einem Sonderkommando arbeiteten bis zu dreihundert Männer, zuweilen auch mehr. Sie halfen beim Ausladen der ankommenden Züge und sammelten das Gepäck der Opfer ein. Sie mussten sich um die Leichen kümmern, von der Gaskammer bis zur Einäscherung oder zum Verscharren in der Grube, und sie waren dafür verantwortlich, das gesamte Tötungsareal in bester Ordnung zu halten. Einige brachten sich selbst um, andere starben an den üblichen Lagerkrankheiten; die Übriggebliebenen wurden früher oder später erschossen oder vergast und durch Jüngere und Kräftigere ersetzt.

Das von den Opfern hinterlassene Gepäck kam ebenso wie ihre Kleidung in große Schuppen zum Sortieren. In Auschwitz wurden die drei riesigen Gebäude, die für diesen Zweck benutzt wurden, sowohl von den Häftlingen als auch von den SS-Leuten «Kanada» genannt.

Niemand weiß genau, woher dieser Name kam. Vielleicht hatte er damit zu tun, dass sich die Sortierstelle etwa drei Kilometer vom Hauptlager entfernt befand und den Lagerinsassen deshalb so fremd und unzugänglich erschien wie das entfernte Land, das sie nie sehen würden.

Als die Tötungsoperation auf Hochtouren lief, konnten die riesigen Schuppen die Menge der hinterlassenen Kleidungs- und Gepäckstücke nicht mehr fassen, und die in Auschwitz als Lagerräume gebauten fünfunddreißig Baracken waren bis unter die Decke gefüllt. Zwei- bis dreitausend Juden, die meisten von ihnen Frauen, durchsuchten jedes Kleidungsstück nach etwaigen eingenähten Wertsachen. Selbst Zahnpastatuben wurden ausgequetscht, um dort möglicherweise versteckte Edelsteine zu finden.

Alles wurde sortiert und kam an seinen Platz – Oberbekleidung hier, Unterwäsche da, brauchbare Schuhe dort. Brillen hierhin, Töpfe und Pfannen dorthin. Pfeifen, Füller, Bücher, Brieftaschen, Uhren – nichts durfte verloren gehen. Essbares war sofort abzugeben.

Der Einsatz in «Kanada» war äußerst begehrt. Manchmal wurde etwas Essbares gefunden und sofort verschlungen. Wichtiger aber war der Schmuggel. Wer versuchte, etwas aus «Kanada» herauszubringen, musste zwar als Mindeststrafe mit dem Auspeitschen rechnen. Trotz des hohen Risikos gelang es den Häftlingen aber, allerlei Gegenstände in das Hauptlager zu schmuggeln, wo sie zum Tausch oder zur Bestechung gebraucht wurden. Kleinere Objekte versteckten die Häftlinge in der Achselhöhle oder zwischen den Beinen. Unter der Gefängniskleidung trugen sie geschmuggelte Kleidungsstücke, weitere Gegenstände im Ärmel oder im Hosenbein, Schmuck oder Edelsteine steckten sie in den Mund. Sie gehörten zu den Gefangenen, die Glück hatten. Sie waren besser ernährt und man sah es ihnen an. Die Beute aus «Kanada» machte sie im Vergleich zu den anderen Häftlingen zu reichen Leuten.

Die ganze persönliche Habe, die man den Opfern abgenommen hatte, sollte Deutschland zugute kommen. Geld, Gold und die meisten Wertsachen wurden bei der Reichsbank abgeliefert. Uhren, Füller und gut erhaltene Brieftaschen wurden verkauft oder gingen als Geschenke an verwundete deutsche Soldaten. Schlecht erhaltene Kleidung wurde zusammengebündelt und nach Gewicht als Putzlumpen verkauft. Das abgeschnittene und eingesammelte Frauenhaar wurde gewaschen und zu Filzschuhen für U-Boot-Besatzungen und Eisenbahner verarbeitet. Gut erhaltene Kleidungsstücke wurden «zu einem angemessenen Preis» an verschiedene Hilfsorganisationen innerhalb und außerhalb Deutschlands verkauft.

Allerdings gab es zuweilen mit dieser Kleidung Probleme. Als einmal mehrere tausend Anzüge und Kleider an das «Deutsche Winterhilfswerk» geliefert wurden, beschwerten sich die Beamten: «Ein großer Teil der Bekleidungsstücke ist stark befleckt und teilweise auch mit Schmutz und Blutflecken durchsetzt.» Es stellte sich außerdem heraus, dass «bei einer Sendung ... von 200 Röcken an 51 Röcken die Judensterne noch nicht entfernt waren!»

Auch die KZ-Aufseher bereicherten sich am Eigentum der Juden. Zwar sollte laut Himmler der SS-Mann «ehrlich, anständig, treu» sein, aber oft war die Versuchung einfach zu groß und dann wurde gestohlen. Nicht

Die Eheringe und Schuhe der Opfer, an denen das Deutsche Reich sich bereicherte

124

immer jedoch war Diebstahl nötig, um sich zu bereichern. Bat ein SS-Mann nämlich ausnahmsweise um einen bestimmten Gegenstand, einen goldenen Füller zum Beispiel oder ein Paar passende Lederstiefel, so kam man diesem Wunsch in der Regel nach. Es war gut für die Moral, den Männern eine Art «Gefahrenzulage» für die schwierige Arbeit im Lager zu gewähren. Es ist nicht möglich, den Gesamtwert dieses Raubzugs gegen die Toten zu errechnen. Allein bei der «Aktion Reinhard» wurde der Wert der Beute auf 180 Millionen Reichsmark geschätzt. Der wahre Wert lag wahrscheinlich um ein Vielfaches höher.

Im offiziellen Sprachgebrauch wurden die deutschen Beamten angewiesen, das geraubte jüdische Eigentum als «Diebes- und Hehlergut und Hamstervorräte» zu bezeichnen.

Das Leben im Lager

Es musste der schwere Entschluss gefasst werden, dieses Volk von der Erde verschwinden zu lassen. Für die Organisation, die den Auftrag durchführen musste, war es der schwerste, den wir bisher hatten. Er ist durchgeführt worden, ohne dass – wie ich glaube sagen zu können – unsere Männer und unser Führer einen Schaden an Geist und Seele erlitten hätten.

Heinrich Himmler, Reichsführer SS

Das Leben in den Lagern war für jüdische Häftlinge immer nur eine kurze Gnadenfrist. In den Vernichtungslagern mussten einige Häftlinge die Todesmaschinerie bedienen, bis sie ihrerseits getötet wurden. In den Konzentrationslagern – dazu gehörte auch das Hauptlager von Auschwitz – durften die eingelieferten Juden so lange leben, wie sie noch arbeiten konnten.

Schritt für Schritt wurden die Neuankömmlinge zu Lagerinsassen gemacht. Und jeder Schritt hatte seinen Zweck.

Die ersten Schritte ins Lagerdasein

Das Chaos der Ankunft und der ersten Selektion an der Rampe war so gewollt. Die SS-Leute «hatten sich vorgenommen, unsere Moral zu brechen, jede menschliche Regung in uns auszulöschen, uns Furcht, Todesangst, Panik einzuflößen. Das markerschütternde Grauen, das uns im Augenblick der Ankunft überfiel, verließ uns nie.»

126

Der sich bewegende Finger hatte einigen, wenn sie es auch noch nicht begriffen, wenigstens vorübergehend den Weg ins Leben gewiesen. Mit Gewehrkolben und Keulen trieben brüllende Wachposten Männer und Frauen in getrennten Gruppen ins Lager. Am Eingang von Auschwitz passierten sie das große Tor mit seiner Inschrift ARBEIT MACHT FREI. In Buchenwald konnten sie über dem Eingang lesen: JEDEM DAS SEINE. Ohne Unterlass wurden die Neuankömmlinge angeschrien und in manchen Fällen blutig geschlagen. Schließlich steckte man sie in einen ungeheizten Raum und befahl ihnen, sich auszuziehen. Ihre Taschen und Bündel hatte man ihnen bereits bei der Ankunft an der Rampe abgenommen. Nun verloren sie auch ihre Kleidung. Kleider und Röcke, Anzüge und Jacken kamen auf einen Haufen, Schuhe auf einen anderen; Ringe, Uhren, Schmuck und Geld wurden ebenfalls getrennt eingesammelt.

SS-Männer marschierten auf und ab und brüllten Befehle. Andere Häftlinge kamen, ausgestattet mit Armbändern und Schlagstöcken, und schlugen gnadenlos zu, wenn jemand sich zu langsam auszog oder eine Frage stellen wollte. Für die Frauen und Mädchen war es besonders erniedrigend, sich nackt den Blicken dieser Männer ausliefern zu müssen.

Bald erschienen die Lagerfriseure. Viele von ihnen hatten in ihrem früheren Berufsleben ihren Kunden kunstvolle Haarschnitte verpasst. Nun rasierten sie den Männern mit stumpfen Klingen die Köpfe und Bärte. Das Haar der Frauen schnitten sie knapp über der Kopfhaut ab – es fiel in dichten Locken auf den Boden. Zuletzt rasierten sie die Achsel- und Schamhaare der Häftlinge.

«Jetzt gehörte uns wirklich nichts mehr außer unseren Körpern – minus die Haare sogar. Wir besaßen buchstäblich nichts außer unserer nackten Existenz.»

Unter weiteren Schlägen und gebrüllten Befehlen wurden die Neuankömmlinge unter die Duschen getrieben – anders als in den Gaskammern handelte es sich hier um echte Duschen, wenn man die paar Tropfen eiskalten Wassers so nennen kann. Es gab weder Seife noch Handtuch und nach kurzer Zeit versiegte auch das Wasser. Immer noch nackt und zitternd vor Kälte wurden sie anschließend mit einer klebrigen, übel riechenden blauen Entlausungsflüssigkeit «desinfiziert».

Dann gab es wieder Schläge, wieder Gebrüll, und weiter ging es in einen anderen Raum, wo die neuen Lagerinsassen endlich etwas zum Anziehen erhielten. Sie konnten nicht wissen, dass diese Kleidung noch vor kurzem Häftlingen gehört hatte, die inzwischen getötet worden waren.

Niemand kümmerte sich darum, ob die Kleidung auch passte. Man erhielt möglicherweise eine Hose, die so weit war, dass sie ständig mit einer Hand gehalten werden musste, und dafür eine Jacke, die so eng war, dass man sie nicht zuknöpfen konnte. Einer Frau konnte es passieren, dass sie sich plötzlich im Besitz eines langen Seidenkleids oder einer Reithose befand. In den meisten Lagern gab es allerdings früher oder später die üblichen gestreiften Häftlingsuniformen aus grobem Stoff.

Unmittelbar nach der Einkleidung erhielten die neuen Häftlinge ihre Nummer. In Auschwitz wurde die Nummer mit blauer Farbe auf den linken Unterarm tätowiert. Von jetzt an waren sie weiter nichts als eben

Familien wurden auseinander gerissen.

diese Nummer. Ohne Nummer gab es kein Essen, kein Trinken, keinen Schlafplatz. Wer seine Nummer vergaß, wurde verprügelt oder erschossen. Außer dieser Nummer galt im Lager nichts.

Ein Überlebender, damals siebzehn Jahre alt, erinnerte sich, wie der Lagerkommandant vor seine Gruppe trat und genau das sagte: «Von jetzt an habt ihr keine Persönlichkeit. Ihr habt keine Heimat. Ihr habt nur noch eine Nummer. Außer dieser Nummer habt ihr nichts.»

«In einem einzigen Augenblick ... enthüllt sich uns die Wahrheit», schrieb ein anderer Überlebender. «Wir sind in der Tiefe angekommen. Noch tiefer geht es nicht; ein noch erbärmlicheres Menschendasein gibt es nicht, ist nicht mehr denkbar. Und nichts mehr ist unser: Man hat uns die Kleidung, die Schuhe und selbst die Haare genommen; sollten wir reden, so wird man uns nicht anhören, und wird man uns auch anhören, so wird man uns nicht verstehen. Auch den Namen wird man uns nehmen ...»

Alltag im Lager

Bei einem Besuch in Auschwitz fiel einem höheren SS-Offizier namens Krause die niedrige Nummer auf dem Arm eines Häftlings ins Auge. Eine niedrige Nummer bedeutete ja, dass der Häftling schon längere Zeit im Lager gewesen war. Zornig herrschte Krause die anwesenden SS-Männer an: «Ein Häftling sollte nicht länger als sechs Wochen im Konzentrationslager überleben. Wenn er doch länger lebt, so heißt das nur, dass er sich angepasst hat und sofort liquidiert werden muss.»

Sein Wutausbruch zeigt, was der Zweck des Lagers war. Beginnend mit der Ankunft und der Aufnahmeprozedur war jeder Schritt, alles, was mit dem Häftling angestellt wurde, kurz: das ganze Lagerleben darauf ausgerichtet, ihn körperlich und geistig zu brechen. Wenn der Häftling nicht verhungerte, dann starb er an irgendeiner Krankheit. Und wenn ihn die Krankheit nicht erledigte, wurde er durch die Arbeit vernichtet, die über alle menschlichen Kräfte ging. Und wenn er wider Erwarten dennoch weiterlebte, dann wurde er vom Lagerpersonal umgebracht – zu Tode geprügelt, bei einem «Spiel» getötet oder auf andere Weise ermordet. Wenn ihn das alles nicht zerstört hatte, dann wurde er eben für die Gaskammer selektiert und ging so in den Tod.

Als Jude konnte man hier weder leben noch überleben. Das war ja auch nicht der Zweck der Lager – sie waren von vornherein dazu bestimmt gewesen, Orte des Sterbens zu sein.

Die Baracken hießen «Blocks». Die größeren Baracken waren für fünfhundert Häftlinge gebaut worden und waren mit bis zu zweitausend Menschen belegt. Die kleineren Baracken waren genauso überfüllt. Jede Schlafstelle wurde von zwei bis fünf Menschen geteilt, die Kopf an Fuß auf einfachen Holzbrettern schliefen. Als «Matratze» diente verdrecktes Stroh. Die Toilette bestand aus einem Eimer.

Um vier Uhr morgens, manchmal noch früher, wurden die Häftlinge geweckt. Dann mussten sie sich eilig auf dem Appellplatz in Fünfer- oder Sechserreihen aufstellen und sich zählen lassen. Die Zahlen mussten mit den Listen der Aufseher übereinstimmen. Fehlte auch nur ein Häftling, konnte der Appell drei, zehn, ja sogar vierundzwanzig Stunden dauern. Auch diejenigen, die in der Nacht gestorben waren, mussten sich beim Appell einfinden. Also wurden ihre Leichen von den Mithäftlingen auf den Appellplatz geschleift. Viele der in Lumpen gekleideten Lagerinsassen waren so schwach vor Hunger, Krankheit und Kälte, dass sie auf dem Platz zusammenbrachen. So diente der Appell gleichzeitig als Selektion.

Stand eine Häftlingsgruppe nach Ansicht des Wachpostens oder Aufsehers nicht ordentlich in Reih und Glied oder gefiel ihm die Art nicht, wie ein Mann seine Mütze trug, oder störte es ihn, dass eine Frau sich ein Kopftuch umgebunden hatte, so konnte es passieren, dass die betreffenden Häftlinge streng bestraft wurden. Wegen solcher Nichtigkeiten konnte man geprügelt, vielleicht sogar erschossen werden.

In der Regel wurden die Häftlinge außerhalb des Lagers zur Arbeit eingesetzt. In Auschwitz und in anderen Lagern wurde der Abmarsch zur Arbeit von den Klängen eines Orchesters begleitet. Denn unter den Lagerinsassen befanden sich ja einige der besten Musiker Europas. Jeden Morgen und jeden Abend mussten sie deutsche Märsche spielen, während die Häftlinge in Reih und Glied zur Arbeit ausrückten und nach einem langen Arbeitstag im militärischen Gleichschritt ins Lager zurückkehrten.

Die Aufsicht bei der Arbeit führten so genannte «Kapos» (das Wort bedeutet «Anführer»), die von den Nazis aus den Reihen der Häftlinge ernannt wurden. Bei den jüdischen Häftlingen waren die Kapos manchmal auch Juden, die sich bei den SS-Leuten durch die besonders brutale Durchsetzung aller Anordnungen einzuschmeicheln versuchten. Es gab aber auch viele nichtjüdische Kapos, oft Berufsverbrecher oder verurteilte Mörder. Die SS belohnte die Kapos für ihre Brutalität mit einer etwas besseren Verpflegung und Unterkunft. Wenn aber ein Kapo als «weich» galt oder seine Gruppe den Anforderungen nicht nachkam, musste er damit rechnen, das Schicksal der anderen Häftlinge zu teilen.

Die Häftlinge leisteten Knochenarbeit, die sie körperlich zermürbte. Überdies zwangen manche Kapos ihre Leute, im Laufschritt zu arbeiten, andere wiederum schlugen gnadenlos auf sie ein. An einem ganz gewöhnlichen Arbeitstag konnte es passieren, dass bis zur Hälfte der Mitglieder einer Arbeitsgruppe starben. Andere, dem Zusammenbruch nahe, wurden von ihren Kameraden gestützt und bis kurz vor den Lagereingang mitgeschleppt. Am Tor angekommen, mussten sie sich aber aufrichten und im zackigen Rhythmus der Musik zum erneuten Appell marschieren.

Krankheiten breiteten sich in Windeseile aus. Die Häftlingskleidung strotzte vor Dreck, und die Häftlinge selbst hatten keine Möglichkeit, sich richtig zu waschen. Dem Schmutz und dem Dreck konnte man nirgendwo entkommen. Flöhe und Läuse übertrugen Krankheiten wie Typhus (Fleckfieber), an denen Tausende starben; kaum weniger Todesopfer forderte die Ruhr, die durch verschmutztes Trinkwasser verursacht wird. Zwar gab es in allen Lagern Krankenblocks, in denen oft Häftlinge arbeiteten, die früher Ärzte oder Krankenpfleger gewesen waren. Im früheren Leben hatten sie im weißen Kittel Medikamente austeilen und ihren Patienten Trost zusprechen können. Nicht so im Lager. Für einige tausend Patienten teilte man ihnen vielleicht ein paar hundert Aspirintabletten zu. In den Augen der Lageraufseher war ein kranker Häftling jemand, der überflüssig war, weil er nicht arbeitete. In vielen Lagern war der Krankenbau deshalb ein gefürchteter Ort; denn dort wurden öfter als in den normalen Baracken Selektionen für die Gaskammer vorgenommen.

Und dann gab es noch den «Sport», wie es sowohl die Häftlinge als auch die Wachen nannten. Gerade die schwächsten Häftlinge wurden gezwungen, Kniebeugen oder Liegestütze im Schlamm zu machen. Brachen sie zusammen, wurden sie ausgepeitscht oder erschossen. Oder sie mussten schwere Steine über dem Kopf halten, bis sie die Erlaubnis erhielten, sie wieder abzusetzen. Ließen sie vorher die Arme sinken oder die Steine fallen,

In Frauen- und Männerriegen warten die Juden auf den Beginn der Selektion. Man glaubt, dass der eine Zigarette rauchende SS-Mann rechts der berüchtigte KZ-Arzt Josef Mengele ist. Man kann seine weißen Handschuhe sehen.

wurden sie verprügelt. Oder zwei oder drei Juden erhielten den Befehl, «Einkriegen» zu spielen. Denjenigen, der von einem anderen erwischt wurde, brachten die Wachen um. SS-Leute verwendeten Juden als lebende Zielscheiben, zielten zunächst auf einen Finger oder die Nase und töteten anschließend die Verstümmelten, weil sie arbeitsunfähig waren.

Das Essen bestand aus einer wässerigen, salzlosen Suppe aus verrottetem Gemüse oder verdorbenem Fleisch, etwas Brot und «Tee». Nur wer kurz vor dem Verhungern stand, würde so etwas überhaupt anrühren. Für die Menschen im Lager war aber der Hunger die größte Qual. Er ließ nie nach. Er saß den Häftlingen in den Knochen, wurde Teil ihres Körpers. Sie aßen Gras – und wurden verprügelt, wenn sie dabei erwischt wurden – und stahlen noch die angebissene Brotrinde aus der Hand eines soeben verstorbenen Mithäftlings. Der Hunger bestimmte jeden Augenblick ihres Lagerlebens.

«Vierzehn Tage nach meiner Einlieferung habe ich schon den regelrechten Hunger, den chronischen Hunger, den die freien Menschen nicht kennen, der nachts Träume hervorruft und der in allen Gliedern unseres Körpers wohnt ...», schrieb ein Überlebender. «Schon habe ich auf meinen Fußrücken die stumpfen Wunden, die nicht heilen werden. Ich schiebe Waggons, ich arbeite mit der Schaufel, ich ermatte im Regen, ich zittere im Wind. Schon ist mein eigener Körper nicht mehr mein: der Bauch ist gedunsen, die Glieder sind verdorrt, das Gesicht ist am Morgen verschwollen und am Abend ausgehöhlt. Einige von uns haben eine gelbe Haut, andere eine graue; sehen wir uns einmal drei oder vier Tage lang nicht, erkennen wir uns kaum wieder.»

Es starben in den Lagern auch viele, die nicht für das Gas selektiert wurden und nicht durch Arbeit, Prügel, Krankheit oder «Spiele» zu Tode kamen. Einige, die ein solches Leben nicht mehr aushalten konnten, «gingen in den Draht» – sie begingen Selbstmord, indem sie sich in den Elektrozaun warfen. Andere wurden zu lebenden Toten. Aus ungeklärten Gründen wurden sie von den Insassen «Muselmänner» genannt. Bei ihnen hatten der Hunger und das Elend einen Zustand herbeigeführt, bei dem ihre Augen erloschen waren; sie gingen nicht, sondern schlurften nur noch hin und her; sie brachten kein Wort mehr über die Lippen. Beim Warten auf den Tod waren sie innerlich abgestorben. Und der Tod ließ dann nicht mehr lange auf sich warten.

Die Selektionen

In mehr oder weniger regelmäßigen Abständen fanden Selektionen für die Gaskammer statt. Manchmal war das ganze Lager betroffen, manchmal nur ein einziger Block. Im Krankenbau konnte es jederzeit Selektionen geben.

Die Selektionen begannen damit, dass die betroffenen Häftlinge in ihre Blocks beordert wurden. Auf dem Appellplatz erschienen einige SS-Ärzte, begleitet von ein paar Kapos und einigen Aufsehern. Die Selektionen fanden entweder gleich im Block oder draußen auf dem Appellplatz statt. Manchmal mussten die Häftlinge an einem Arzt vorbeilaufen, der bei jedem entweder nach links oder nach rechts zeigte. Häufiger liefen die Selektionen so ab, dass die Häftlinge auf einen gebrüllten Befehl des Blockältesten hin strammstehen mussten. Oft wurden sie gezwungen, sich nackt auszuziehen, besonders die Frauen und Mädchen. Während der Arzt die Reihen inspizierte, rief der Kapo die Nummern von einer Liste. In Auschwitz streckte jeder Häftling den linken Arm mit der eintätowierten Nummer aus. Wenn der Arzt seine Entscheidung getroffen hatte, wurde die Nummer auf der Liste abgehakt.

Wer zu krank war, das Bett zu verlassen, wer sich nicht auf den Beinen halten konnte, wer nicht strammstehen konnte, wurde automatisch für das Gas selektiert. Eine nicht ausgeheilte Wunde, ein Ekzem, eine Krankheit oder eine Schwäche, die man nicht verstecken konnte – das alles bedeutete fast zwangsläufig das Todesurteil. Natürlich wurden hierbei, wie bei der Ankunft an der Rampe, «Fehler» gemacht. Es konnte vorkommen, dass ein Mensch, der nicht schlechter dran war als die anderen Skelette seines Blocks, aus unerfindlichen Gründen einfach aus der Liste der Lebenden gestrichen wurde.

Die Selektierten wurden nicht gleich mitgenommen. Sie waren zum Tode bestimmt worden, aber sie mussten noch Stunden, manchmal Tage warten, bis sie abgeholt und zu einer Baracke – in Auschwitz war es der Block 25 – gebracht wurden, wo sie wieder ohne Essen und Trinken warteten, bis genug von ihnen beisammen waren, um die Vergasung «kosteneffektiv» durchzuführen. Früher oder später war es dann so weit.

Josef Mengele und die SS-Medizin

Kein Lagerarzt war so gefürchtet wie Josef Mengele. Ihm schienen die Selektionen eine besondere Freude zu bereiten. Gut aussehend, immer elegant gekleidet mit maßgeschneiderter Uniform und weißen Handschuhen, verdiente sich Mengele die Spitznamen «schöner Teufel» und «Todesengel». Er sorgte dafür, dass an jedem jüdischen Feiertag eine Selektion stattfand. Einem Häftling konnte es passieren, dass er das Datum eines Feiertags vergaß; Mengele nie. Darum nannten ihn die Häftlinge ihren «jüdischen Kalender».

Besonders gefürchtet war Mengele unter den Frauen. Er hatte die Gewohnheit, ohne Vorwarnung in ihrem Teil des Lagers aufzutauchen. Dann mussten sie sich ausziehen und mit den Armen über dem Kopf an ihm vorbeiziehen, während er eine Opernarie pfiff und mit der Reitpeitsche nach links oder rechts zeigte.

Auch im Krankenbau war er häufig zu Besuch. Frauen, die neu im Lager waren, begriffen oft noch nicht die Wahrheit über diesen Ort und gingen in Erwartung medizinischer Hilfe zur Krankenstation. Wenn Mengele erschien, setzte er sich zu den Patientinnen und redete mit ihnen. Sein Charme und sein gutes Aussehen flößten ihnen Vertrauen ein, und bald sprachen sie freimütig über ihre Beschwerden, während er scheinbar interessiert zuhörte, immer wieder lächelte und in aller Ruhe die Selektion der Arbeitsunfähigen vornahm.

Vor dem Krieg hatte Mengele beim «Institut für Erbbiologie und Rassenhygiene» gearbeitet, das von den Nazis gegründet worden war. In Auschwitz betrieb er weiterhin seine «wissenschaftliche Forschungstätigkeit», wobei er Insassen als medizinische Versuchsobjekte benutzte. Geld für seine Menschenversuche erhielt der KZ-Arzt von der Deutschen Forschungsgemeinschaft und seine Ergebnisse gingen direkt an das Kaiser-Wilhelm-Institut für Anthropologie in Berlin. Mengeles besonderes Interesse galt der Zwillingsforschung. Er wollte dem Geheimnis der Mehrfachgeburt auf die Spur kommen, vermutlich um die Geburtenrate Nazideutschlands zu erhöhen. Also kamen Zwillingskinder direkt zu ihm und nicht ins Gas.

An Mengele erinnern sich die Überlebenden mit besonderem Hass. Aber viele SS-Ärzte in den Lagern benutzten die Insassen als Versuchstiere. Sie haben die Menschen nicht geheilt. Im Gegenteil, sie haben die Medizin zur Komplizin des Mordes gemacht.

Wie überleben?

Man kann sich kaum vorstellen, wie Juden die Lager überleben konnten. Und doch haben einige überlebt. Vielleicht war es nur dem Zufall zu verdanken, dass sie der Selektion, dem Auspeitschen, der Krankheit entkamen. Und doch war es nicht allein der Zufall, der sie zu Überlebenden machte.

Die Bestimmungen und Regeln, die im Lager galten, sollten das Überleben unmöglich machen. Wollte ein Insasse überleben, musste er also diese Bestimmungen irgendwie umgehen. Und sie wurden so oft wie irgend möglich umgangen. Entscheidend war dabei in allen Lagern die Tätigkeit, die mit dem Wort «organisieren» umschrieben wurde. Am besten erzählt eine Überlebende, was damit gemeint war: «Das wichtigste Wort in der Sprache von Auschwitz hieß ‹organisieren›. Organisieren war der Schlüssel zum Überleben. Es bedeutete: stehlen, kaufen, eintauschen, in die Hände bekommen. Wenn man etwas haben wollte, musste man etwas zum Tauschen haben. Manche Leute verbrachten jeden wachen Augenblick beim ‹Organisieren›: sie bestahlen ihre Mitgefangenen, bestachen andere, tauschten ein Stück Brot gegen etwas Wasser, ein zerknülltes Blatt Briefpapier gegen eine etwas bequemere Ecke zum Schlafen.»

Wurde ein Häftling mit etwas erwischt, das er nicht haben durfte, musste er wenigstens mit einer Prügelstrafe rechnen. Und dennoch wurde gehandelt, bestochen, gekauft, gestohlen, getauscht; selbst einige SS-Wachposten waren «käuflich». Es ging dabei um etwas zu essen, ein warmes Kleidungsstück, ein Paar Schuhe, eine Decke oder um Nadel und Zwirn, aber auch um Schüssel und Löffel, ohne die der Häftling nicht essen konnte.

Die bei der Kartoffelernte eingesetzten Häftlinge schmuggelten regelmäßig eine oder zwei Kartoffeln ein, so viele eben, wie sie verstecken konnten.

In Auschwitz schmuggelten die Häftlinge, die zur Arbeit in «Kanada» eingeteilt wurden, Essbares in kleineren Mengen oder auch Kleidungsstücke ins Lager. Selbst Schmuck und Gold fanden den Weg ins Hauptlager (und Papiergeld wurde dort als Toilettenpapier benutzt).

Meistens waren aber kleine Dinge wichtig – Dinge, die man in der normalen Welt wahrscheinlich achtlos in den Mülleimer geworfen hätte. Sie machten oft den Un-

Das letzte Foto zu Hause. Schon bald darauf wurde das Mädchen
mit seiner Familie in ein Lager deportiert. Es überlebte den Krieg und
emigrierte in die USA.

terschied aus zwischen Leben und Sterben, und wenn es nur für einen Tag war.

Alle Überlebenden sprechen von den engen Freundschaften, die sie im Lager schlossen. Einzelgänger blieben nicht lange am Leben. Man riskierte das eigene Leben, um einen kranken Kameraden bei einer Selektion zu verstecken, teilte die magere Essensration mit einem besonders schwachen Mithäftling oder brachte einem Freund eine Blume als Geschenk mit, die man bei der Arbeit außerhalb des Lagers gefunden hatte. Wer beim Appell zusammenbrach, wurde durch die eng zusammenstehenden Kameraden zu beiden Seiten und in der nächsten Reihe auf den Beinen gehalten.

Das soll allerdings nicht heißen, dass edles und selbstloses Verhalten unter den Häftlingen die Regel war. Das war es ganz bestimmt nicht. Nicht alle, vielleicht nicht einmal die meisten Häftlinge versuchten, ihre eigene Haut zu retten, indem sie sich bei den SS-Leuten, dem Wachpersonal oder den Kapos einschmeichelten; aber es waren doch viele. Und manche Kapos und Blockältesten waren fast genauso brutal wie die SS-Leute. Andere Häftlinge belogen und betrogen ihre Mithäftlinge und stahlen was auch immer und wie auch immer sie konnten, zum Beispiel von schlafenden oder kranken Kameraden.

Es war nun einmal so: Jeder Häftling musste zuallererst an sich selbst denken. Wer überleben wollte, musste ganz egoistisch sein. Man «organisierte» vor allem für sich, man kämpfte vor allem um das eigene Leben. Gelang das, dann – und nur dann – konnte man vielleicht an andere denken und die Kraft aufbringen, anderen zu helfen. Solche Hilfe blieb selten unerwidert – und sei es nur durch das Geschenk eines Stücks Brot, wenn die Kräfte des anderen nachließen und er zu schwach zum «Organisieren» geworden war.

Viele Überlebende berichten auch von ihrer Entschlossenheit, Zeugnis abzulegen und darum zu überleben. Trotz allem, trotz ihrer aussichtslosen Lage, glaubten sie fest daran, dass Deutschland den Krieg verlieren würde. Also mussten sie am Leben bleiben, um von dem, was sie durchgemacht und erlebt hatten, zu berichten. Sie wussten, dass die planmäßige Vernichtung eines ganzen Volks, die Existenz von Vernichtungslagern, für normale Menschen in einer normalen Welt schlicht unvorstellbar war. Die Menschheit musste von diesen Schrecken erfahren; also musste es lebende Zeugen geben, die davon erzählten. Nur dann könnten die Täter möglicherweise zur Verantwortung gezogen werden. Wenn die Opfer von der Alptraumwelt der Lager berichteten, könnten sie vielleicht dazu beitragen, den Rassenwahn ein für allemal zu überwinden.

«Es klingt merkwürdig», schrieb eine der Frauen von Auschwitz, «aber jede von uns wollte leben. In dieser schrecklichen Welt gab es Platz für Hoffnungen und Träume. Vor unserem inneren Auge stiegen die schönsten Bilder vom Leben nach dem Kriege auf. Wir stellten uns vor, dass die Menschen nach diesem Krieg aufgrund dieser Erfahrung reicher sein und ein Paradies auf Erden schaffen würden, ohne Kriege und ohne Unterdrückung. Ist es da ein Wunder, dass jede von uns Deutschlands Niederlage und die danach zu schaffende neue Welt miterleben wollte?»

«Ich hatte etwas zu tun; ich hatte etwas zu sagen ...», erzählte ein anderer Überlebender, «um der Welt zu zeigen, was ich gesehen und durchlebt hatte, für all die Millionen, die es auch erlebt hatten – aber nicht mehr sprechen konnten. Ich musste die Stimme ihrer toten, verbrannten Körper sein.»

«Einige mussten überleben», schrieb eine Fünfzehnjährige, «ihnen allen zum Trotz. Und um eines Tages die Wahrheit zu sagen.»

Ziviler jüdischer Widerstand

Hört mich an, ihr Mörder, Abschaum, ihr! Und wenn ihr mir jetzt Leben und Glück anbieten würdet unter der Bedingung, dass ich meinen Glauben aufgebe und «Arier» werde, ich würde euch ins Gesicht spucken. Denn ihr seid Mörder, die gemeinsten Tiere auf Erden. Und wir sind Juden.

Worte eines ukrainischen Juden an seine deutschen Bewacher, wenige Augenblicke vor seiner Hinrichtung

Wer diesen Krieg gewinnen wird, das weiß ich nicht, aber eines ist für mich sicher – Menschen wie ihr, eine Nation wie eure, kann niemals besiegt werden, niemals!

Worte eines deutschen Soldaten an einen ungarischen Juden

Haben sich die Juden denn nicht gewehrt? Gingen sie wirklich «wie die Lämmer zur Schlachtbank», wie es in einigen Büchern steht?

Auf den ersten Blick sieht es jedenfalls so aus. Denn obwohl die Juden ihren Mördern fast immer zahlenmäßig überlegen waren, gelang es den Nazis doch, an die sechs Millionen Juden zu töten. Wie war das möglich? Leisteten die Juden denn keinen Widerstand?

Wenn man im Krieg von «Widerstand» spricht, so meint man einen offenen Kampf, einen Kampf mit Waffen und Munition. Aber man kann auch auf andere Art Widerstand leisten, auf andere Weise kämpfen. Und das haben die Juden getan. Waffen und Sprengstoff waren nur die letzten, die äußersten Mittel in ihrem Kampf.

Von diesem Widerstand wissen wir allerdings nur wenig, weil so wenige Menschen den Kampf überlebten. Geschriebene Berichte gibt es kaum. Jahre nach dem

Krieg fand man einige Zeugnisse, unter Dielen versteckt, in der Erde vergraben. Da es nur eine Hand voll Überlebende gab und fast keine Dokumente, musste man sich auf die Berichte der Nazis verlassen, wenn man die Geschichte dieses Kampfes erzählen wollte. Und welchen Grund hätten die Nazis gehabt, gerade darüber die Wahrheit zu sagen?

Es ist aber eine Tatsache, dass sich die Juden gegen die Nazis wehrten – und zwar mit all den Mitteln, die ihnen zur Verfügung standen. Um diesen Widerstand richtig einschätzen zu können, müssen wir uns die damalige Situation vor Augen führen. Zum einen war den Opfern selbst lange nicht klar, zu welchen schrecklichen Ergebnissen der deutsche Antisemitismus führen würde. Zum anderen folgte ein Schlag so schnell auf den anderen, dass den Juden gar keine Zeit blieb, einen gemeinsamen Widerstand zu organisieren. Außerdem sprachen sich die jüdische Geschichte, Tradition und Religion alle gegen den offenen Widerstand aus. Und dort, wo es schließlich zum bewaffneten Widerstand kam, hing der Erfolg dieses Kampfes davon ab, wie viel Unterstützung die Juden erhielten und wie viele Waffen sie sich beschaffen konnten. Aber davon wird im nächsten Kapitel die Rede sein.

Jüdische Geschichte, Tradition und Religion

Die Juden blickten auf eine lange Geschichte der Verfolgung zurück. Das Leiden, so schien es, gehörte zu ihrem Schicksal. Und aus dem Leiden hatten sie gelernt. Deswegen reagierten die meisten Juden auf die ersten Unterdrückungsmaßnahmen der Nazis so, wie schon Generationen vor ihnen Verfolgung und Unterdrückung schließlich überlebt hatten: sie beschlossen, die Verfolgung zu erdulden und abzuwarten.

Immer wieder waren sie in der Vergangenheit aus ihren Häusern und aus ihrer Heimat vertrieben worden, und immer wieder hatten sie an einem anderen Ort von vorne angefangen und neue, bald wieder blühende Gemeinden gegründet. Schon früher hatte man ihnen bestimmte Gebiete zum Leben zugewiesen und ihnen das Leben anderswo verboten, und in ihren Ghettos hatten sie doch eine eigenständige und weitgehend unabhängige Existenz gefunden. Verbot man ihnen die Ausübung bestimmter Berufe, so erlernten sie eben neue. Wie oft waren sie von plötzlichen blutigen Pogromen heimgesucht worden – und doch hatten immer genug überlebt, um die jüdischen Gemeinden am Leben zu erhalten.

Schon früher waren antisemitische Gesetze erlassen worden, und die Juden hatten sie befolgt oder gelernt, sie zu umgehen. Antisemitische Regierungen und Gesetze kamen und gingen. Auf eine antisemitische Regierung folgte oft eine, die weniger schlimm war. Die Juden glaubten zunächst, bei den Nazis handele es sich um ein antisemitisches Regime wie so viele andere davor. Noch mörderischer vielleicht und geradezu verrückt, wenn es um die Juden ging – aber auch mit den Nazis werde es eines Tages vorbei sein und dann werde sich alles wieder zum Besseren wenden.

Als man ihnen nach und nach ihre Rechte nahm und sie zwang, in ihrer eigenen Heimat als Bürger zweiter Klasse – ja nicht einmal zweiter Klasse – zu leben, war das also eine Erfahrung, die den Juden aus der eigenen

Geschichte nur zu bekannt war. Da sie in Deutschland und den von den Deutschen kontrollierten Gebieten ihre alten Berufe nicht mehr ausüben durften, fanden sie sich eben neue Arbeit und gründeten ihre eigenen Selbsthilfeorganisationen. Als sie aus ihren Wohnungen vertrieben und in Ghettos gesperrt wurden, erinnerten sie sich an andere Ghettos aus ihrer Geschichte. Diese neuen Ghettos waren vielleicht noch grausamer, ja mitunter sogar tödlich, aber einige von ihnen würden überleben – es hatte doch immer Überlebende gegeben! – und wieder von vorne anfangen. Das jüdische Leben würde weitergehen.

Man warf den Juden vor, den Krieg angezettelt zu haben. Man warf ihnen vor, kleine Christenkinder umzubringen, um mit ihrem Blut die «Mazzes» (das ungesäuerte Brot) für das Pessach-Fest zu backen. Man warf

Das Eingangstor von Birkenau, dem Vernichtungslager in Auschwitz

ihnen vor, die Geldgeschäfte auf der ganzen Welt zu beherrschen. Aber man hatte schon immer Lügen über sie verbreitet. Daran hatten sich die Juden gewöhnt. Wenn man sie zusammenschlug oder tötete, einfach weil sie Juden waren, so erinnerte sie das an frühere Pogrome. Was jetzt geschah, war zwar schlimmer, aber die Überlebenden würden weitermachen, so wie die Überlebenden früher immer weitergemacht hatten.

Seit fast zweitausend Jahren hatten die Juden keinen eigenen Staat gehabt. Es gab kein jüdisches Vaterland. Und deshalb gab es auch keine jüdische Armee. Juden hatten zwar in den Armeen ihrer jeweiligen Heimatländer gekämpft und hatten sich oft durch große Tapferkeit ausgezeichnet. Aber sie hatten nie als Juden in einer jüdischen Armee gekämpft. Sie wussten also nicht, wie man eine militärische Organisation aufbaut; gegen die Übermacht der Feinde hatten sie viel zu wenige Menschen mit militärischer Erfahrung; und sie hatten keine Möglichkeit, an eine militärische Ausrüstung zu kommen.

Vielen kam der offene, bewaffnete Widerstand einfach nicht in den Sinn. Diese Haltung wurde durch ihre Religion verstärkt. Die meisten Juden waren sehr religiöse Menschen. Die osteuropäischen Juden waren besonders religiös, aber auch die weniger orthodoxen Juden, ja selbst diejenigen, die gar keine Religion mehr praktizierten, kamen aus der gleichen Tradition und wurden durch sie beeinflusst.

Die frommsten Juden waren der festen Überzeugung, keine menschliche Macht könne gegen das Böse in der Welt siegen. Gott allein könne das Böse niederringen, und darum hätten Gebete mehr Macht als die stärkste

Armee auf Erden. Gott allein wisse, weshalb diese schrecklichen Dinge passierten, und es sei Gotteslästerung, seinen Willen in Frage zu stellen. Viele fromme Juden gingen freudig betend in den Tod. Sie starben, so glaubten sie, als Märtyrer, *kiddusch ha-schem* – nach dem Willen Gottes.

Jede Widerstandshandlung wurde mit dem Tod bestraft. Das wussten die Juden. Somit war solcher Widerstand gleichbedeutend mit Selbstmord, und das jüdische Gesetz verbietet den Selbstmord. Das menschliche Leben ist in der jüdischen Religion der höchste, heiligste Wert. Dementsprechend gehört das Töten zu den schlimmsten Sünden. Bewaffneter Kampf bedeutet letztendlich töten; und auch die Nazis waren Menschen. Fromme Juden konnten also aus Gewissensgründen nicht mit der Waffe in der Hand kämpfen.

Aus all diesen Gründen traf der Plan der Nazis, alle Juden auszurotten, die Opfer letztendlich unvorbereitet; denn obwohl sie Verfolgung und Leid gewöhnt waren, konnten sie den Vernichtungswillen der Nazis nicht voraussehen, gab es doch in ihrer Geschichte – ja, in der ganzen Weltgeschichte – kein vergleichbares Ereignis. Und als ihnen klar wurde, was die Nazis vorhatten, war es zu spät; da hatten die Mörder bereits begonnen, ihre Pläne in die Tat umzusetzen.

Der Druck der Ereignisse

«Was sollten denn diese Zivilisten tun, unter ihnen viele ältere Menschen und Kinder?», fragte ein Überlebender. «Schließlich wurden zur gleichen Zeit große Armeen mit gut ausgebildeten Soldaten vernichtet. Es ist doch eine Tatsache, dass die Nazistreitkräfte eine Armee nach der anderen zerschlagen und schließlich fast ganz Europa und Teile Afrikas besetzen konnten.»

Unbewaffneten, verwirrten Männern, Frauen und Kindern standen gut organisierte, schwer bewaffnete Soldaten und Polizisten gegenüber, die genau wussten, was sie zu tun hatten, und die obendrein die Vollmacht erhalten hatten, bei der Erfüllung ihres Auftrags jede nur denkbare Grausamkeit auszuüben. Wer sollte unter solchen Bedingungen Widerstand leisten?

Doch Soldaten und Waffen waren den Nazis nicht genug. Sie führten das Prinzip der Kollektivschuld ein. Jeder Einzelne haftete für das Verhalten seiner Gruppe, und jede Gruppe wurde für die Taten jedes Einzelnen zur Rechenschaft gezogen. Viele, ja Hunderte, mussten sterben, wenn nur ein einzelner Mensch Widerstand leistete. Unzählige Berichte zeigen, wie gründlich die Deutschen diese Drohung in die Tat umsetzten. Zwei Erschießungsstatistiken aus dem Bericht des Einsatzkommandos 3 in Litauen können hier stellvertretend für viele andere stehen:

Aus Vilnius (Wilna), 2. September 1941: «864 Juden, 2019 Jüdinnen, 817 Judenkinder (Sonderaktion, weil von Juden auf deutsche Soldaten geschossen wurde).»

Aus Kowno (Kauen), 4. Oktober 1941: «315 Juden, 712 Jüdinn., 818 J.-Kind. (Strafaktion, weil im Ghetto auf einen deutsch. Polizisten geschossen wurde).»

Wie sollten die Juden kämpfen, wenn zur Strafe ihre Familien, ihre Freunde und Hunderte unschuldige Menschen sterben mussten?

Die noch in Deutschland verbliebenen Juden hofften

trotz allem auf ein Ende ihrer Verfolgung. In Osteuropa aber hatte man noch wenig über die Leiden der deutschen Juden gehört. Als die Einsatzgruppen im Gefolge der siegreichen deutschen Armeen die besetzten Gebiete der Sowjetunion durchkämmten, fanden sie eine Bevölkerung vor, die vom Tempo des deutschen Vormarschs völlig überrascht worden war. Die Juden insbesondere wussten überhaupt nicht, was sie von den Deutschen zu erwarten hatten. Der Widerstand wurde nicht nur durch den Überraschungseffekt und den Mangel an Informationen geschwächt. Hinzu kamen die Täuschungsmanöver der Nazis selbst. Hierüber habe ich in den Kapiteln über die Deportationen und die Lager ausführlich berichtet. Vergessen wir also nicht, dass die Nazis versuchten, die Juden von Anfang bis Ende über ihre wahren Ziele im Unklaren zu lassen. Das begann damit, dass die Deportationen «Umsiedlung in den Osten» genannt wurden, und endete mit den Hinweisschildern ZUM DUSCHEN in den Vernichtungslagern selbst. Die Opfer mussten sogar Postkarten an ihre Angehörigen schicken, auf denen stand, dass es ihnen gut ginge und dass sie Arbeit gefunden hätten – abgestempelt am falschen Bahnhof von Treblinka.

Die Menschen im Ghetto waren von der Außenwelt abgeschnitten. Als die ersten Nachrichten von Massenmorden und Vernichtungslagern sie erreichten, weigerten sich die meisten, daran zu glauben. Eine derart ungeheuerliche Tat überstieg ihre Vorstellungskraft. Bis die im Ghetto und im Lager eingeschlossenen Menschen schließlich die Wahrheit begriffen, waren sie durch den Terror der Nazis körperlich und geistig geschwächt und für Hilfe von außen unerreichbar.

Und selbst wenn sie entkamen – wo gab es für Juden eine sichere Zuflucht? Auch die nichtjüdische Bevölkerung in der Umgebung der Lager und Ghettos hatten die Nazis unter ihr Joch gezwungen. Wer Juden half, wurde in Osteuropa mit dem Tod bestraft. Hier galt der gleiche Grundsatz der Kollektivschuld: ganze Familien, manchmal ganze Dörfer, wurden hingerichtet, weil sie einen einzigen Juden versteckt hatten. Auch in Westeuropa und Deutschland selbst gab es schwere Strafen: wer einem Juden half, kam ins Konzentrationslager.

Leider war es auch so, dass ein Großteil der Bevölkerung wenig Mitleid mit den Juden hatte. Das war in fast allen besetzten Ländern der Fall; die wenigen Ausnahmen beschreibe ich in einem späteren Kapitel. Am deutlichsten ausgeprägt war diese Abneigung in Teilen Osteuropas, insbesondere in Polen und der Ukraine, wo es eine antisemitische Tradition gab, die den Nazis in die Hände spielte. Manche Städte und Dörfer in der Sowjetunion hießen die Deutschen sogar willkommen. In allen Ländern gab es bezahlte Denunzianten, die Juden an die Besatzer verrieten. In jedem Land meldeten sich Freiwillige, die der SS dienten, auch als Wachposten in den Vernichtungslagern. Viele Menschen sympathisierten mit den Kriegszielen der Nazis und waren nicht bereit, die Juden in irgendeiner Weise zu unterstützen. Wer also aus dem Ghetto oder dem Lager entkam, konnte als Jude nicht einmal bei seinen eigenen Landsleuten mit Hilfe rechnen.

Gewarnt durch die Ereignisse der ersten Jahre der Naziherrschaft in Deutschland verließen Tausende ihre Heimat und suchten in anderen Ländern Zuflucht. Viele entkamen den Nazis; viele andere jedoch gingen nicht

Heinrich Himmler war der Führer der SS. Seine Macht war fast unbegrenzt, da er lediglich Hitler selbst unterstellt war. Er errichtete das System der Konzentrations- und Vernichtungslager und war der entscheidende Organisator der Massenmorde an den Juden.

weit genug weg – der schnelle Vormarsch der Deutschen in Europa schnitt ihnen den Fluchtweg ab. Jetzt saßen sie in der Falle, ebenso wie diejenigen, die gar nicht erst gegangen waren, weil kein anderes Land sie aufnehmen wollte.

Bisher habe ich nur Gründe angeführt, die gegen den Widerstand sprechen, gegen das Handeln – dafür, sich dem Tod zu unterwerfen, ohne auch nur die Faust zu ballen. Sie wiegen schwer. Wenn wir sie kennen, verstehen wir eher, weshalb so wenige sich offen wehrten.

Und doch gab es Widerstand. Gegen die gewaltigste Todesmaschinerie, die jemals auf der Welt gesehen wurde, kämpften die Juden mit allen Mitteln, die ihnen verblieben.

Sabotage

Jede bewusste Sabotage seitens der Sklavenarbeiter in den SS-Fabriken oder anderen deutschen Industriebetrieben wurde auf die übliche Weise von den Nazis bestraft. Und dennoch gab es unzählige Sabotageakte der verschiedensten Art.

Ein weit verbreitetes Sabotagemittel war die Verlangsamung des Arbeitstempos. War der Kapo oder der deutsche Vorarbeiter dumm oder betrunken oder etwas weniger brutal, drosselten die Arbeiter das Tempo so lange, bis der Produktionsausfall schließlich bemerkt und die Arbeit wieder auf Normalmaß angekurbelt wurde. Wichtige Mitarbeiter wurden für mehrere Tage «krank». Maschinen gingen kaputt. Loren voller Kohlen sprangen aus den Schienen. Aus ungeklärten Ursachen fingen Förderbänder plötzlich Feuer.

In den Schneidereien wurden an Uniformjacken die Ärmel zugenäht oder die Knopflöcher vergessen oder Reißverschlüsse falsch eingenäht. Schuhsohlen wurden mit wasserlöslichem Leim angeklebt. Motoren wurden zerstört, indem Sand oder Alkohol in die Benzintanks geschüttet wurde.

Französische Jüdinnen in Auschwitz sabotierten ein Experiment mit Pflanzen, die Gummi produzieren sollten. Von den zehntausend in Dora-Mittelbau hergestellten V1-Flugbomben und V2-Raketen erreichten weniger als die Hälfte ihr Ziel. Drei Viertel der in Buchenwald hergestellten Gewehre wurden als defekt zurückgeschickt. In Dachau wurden Panzermotoren sabotiert, in Ravensbrück Ersatzteile und Munition. Aus Sachsenhausen kamen Flugzeuge mit lebensgefährlichen Mängeln, aus Neuengamme schadhafte U-Boote-Teile, aus Mauthausen defekte Maschinengewehre.

So klug sie auch waren – den Nazis wurde scheinbar nie klar, dass Sklaven unter brutalen Herren keine gute Arbeit liefern. Sie überschätzten die Wirkung ihrer Schreckensherrschaft. Sie unterschätzten den menschlichen Mut.

Widerstand im Alltag

Man muss es sich immer wieder klarmachen: Die Nazis wollten das Leben sowohl im Ghetto als auch im Lager unmöglich machen. Ihnen gehorchen bedeutete demnach früher oder später sterben. Ihnen nicht gehorchen bedeutete sofort sterben. Notgedrungen also gehorchte man ihnen meistens. So oft wie möglich aber gehorchte man ihnen nicht. Auf jeder Ebene gab es Widerstand gegen die Maßnahmen, Forderungen und Bestimmungen der Deutschen. In den Ghettos, diesen Städten der Sterbenden, gab es den Nazis zum Trotz ein geheimes, pulsierendes Leben. Trotz der hohen Strafen wurde Essen hineingeschmuggelt. Selbsthilfegruppen wurden organisiert, um den Obdachlosen zu helfen und die Kranken mit den wenigen vorhandenen Mitteln zu pflegen. Ein Überlebender des Warschauer Ghettos berichtet:

«Die Nazis forderten die Juden auf, ihr Geld und allen persönlichen Besitz abzuliefern, aber die Juden haben diesen Befehl nicht befolgt. Die Nazis verboten den Juden, als Handwerker oder Händler tätig zu sein, aber die Juden stellten heimlich Waren her und trieben versteckt Handel. Die Nazis verboten den Juden das gemeinsame Gebet, aber die Juden versammelten sich trotz Verbot und hielten an Wochentagen und Feiertagen Gottesdienste ab. Die Nazis verboten den Juden ihre Schulen, aber die Juden organisierten geheime Kindergärten und Schulen für alle Altersgruppen ...»

Noch mehr als der Alltag im Ghetto zielte der Lageralltag darauf ab, die Menschen zu töten. Unter diesen unmenschlichen Bedingungen stellte bereits die bloße Tatsache des Überlebens eine Form des Widerstands dar. Überlebende berichten oft, dass es eine bewusste Anstrengung bedeutete, nicht den «einfachen Ausweg» zu wählen – den Tod. Wer als Jude überlebte, trotzte den Nazis und ihren Zielen. Aber der Widerstand ging auch darüber hinaus. So zum Beispiel in Auschwitz: «Unsere ganze Existenz war vom Widerstand bestimmt. Wenn die in ‹Kanada› beschäftigten Häftlinge irgendwelche für Deutschland bestimmte Gegenstände umlenkten, sodass sie ihren Mithäftlingen zugute kamen, so war das Widerstand. Wenn die Arbeiter in den Spinnereien den Mut fanden, langsamer zu arbeiten, so war das Widerstand. Wenn wir ... unter den Nasen unserer Herren ein kleines ‹Fest› organisierten, so war das Widerstand. Wenn wir heimlich Briefe zwischen den Lagern austauschten, so war das Widerstand. Wenn wir – manchmal mit Erfolg – versuchten, zwei Familienmitglieder zusammenzuführen, zum Beispiel, indem wir bei einer Krankenträgergruppe ein Mitglied durch ein anderes ersetzten, so war das Widerstand.»

Hochschwangere Frauen wurden versteckt, um die Mutter und ihr Neugeborenes vor dem automatischen Todesurteil zu bewahren. Um einen zur Vergasung bestimmten Kameraden zu retten, wurde der Nummerntausch mit einem bereits verstorbenen Häftling organisiert. Die Frommen standen früher auf als die anderen Insassen, um das Morgengebet zu verrichten, und sprachen jede Nacht das Gebet für die Toten – das *Kaddisch*.

Jede solche Handlung war ein Akt des Widerstands, denn alle waren gleichermaßen verboten. Im Königreich des Todes verlangten alle diese Widerstandshandlungen einen gewaltigen Mut.

Aufstände

Jeder Überlebende kann sich an Aufstände erinnern. Auch in den Unterlagen der Deutschen wird von Aufständen berichtet. Von den Rebellen selbst hat allerdings fast keiner überlebt, um die eigene Geschichte zu erzählen.

In Amsterdam entdeckte die Gestapo ein Geheimtreffen und wurde mit Kugeln und Säureflaschen empfangen.

In Polen sprang ein angeschossener, aber nicht tödlich getroffener Fleischer aus der bereits mit Leichen gefüllten Grube und riss dem SS-Kommandanten mit den Zähnen die Kehle auf.

Überlebende des Ghettos in Krakau griffen Gefängniswärter mit den bloßen Händen an und verletzten mehrere von ihnen schwer.

Bei der Ankunft in Treblinka warf ein Jugendlicher, der mit einem Transport aus Grodno gekommen war, eine Handgranate auf die Wachposten.

Eine Französin ergriff den Degen eines SS-Manns und erstach ihn damit.

Zweitausend Neuankömmlinge in Sobibor rissen die Latten von den Wänden der Güterwaggons und griffen damit die Wachen an.

Als ein Wachposten einen jungen Mann daran hindern wollte, sich von seiner Mutter zu verabschieden, riss der Junge ein Taschenmesser heraus und erstach den Mann.

Fünftausend Deportierte aus Wilna leisteten Widerstand. Sie hatten auch einige Waffen gefunden. Die deutschen Unterlagen sprechen von zwei schwer verwundeten Deutschen. Fünfzig Juden konnten entkommen.

Ein vierzehnjähriger Tscheche sprang einem Wachposten auf den Rücken und schlug mit den bloßen Fäusten auf ihn ein, bis sein Gesicht blutig war.

Auf dem Weg zur Gaskammer in Sobibor sprach ein alter Mann ein lautes Gebet, und als er geendet hatte, gab er dem SS-Wachposten eine Ohrfeige.

Als die letzten zweitausendfünfhundert Juden aus der ukrainischen Stadt Brody deportiert werden sollten, rebellierten sie, demolierten die Waggons, in denen sie transportiert wurden, und töteten mehrere Wachsoldaten. Hunderte konnten aus dem Todeszug entkommen.

Eine Geschichte taucht in fast allen Erzählungen der Überlebenden von Auschwitz auf, besonders in den Erzählungen der Frauen. Die Einzelheiten sind von Erzählung zu Erzählung verschieden, aber die Handlung ist im Grunde die gleiche. Hier habe ich Elemente aus den verschiedenen Berichten zusammengefasst. Es geht um eine sehr schöne Frau mit langen schwarzen Haaren. In manchen Erzählungen handelt es sich um eine französische Tänzerin, in anderen kommt die Frau aus irgendeinem osteuropäischen Land. Ihr Name ist nicht bekannt.

Ein Zug mit Neuankömmlingen hält an der Rampe. «Plötzlich flog die Tür unseres Abteils mit lautem Krach auf. Ein SS-Mann sagte, wir sollten uns nackt ausziehen und aussteigen. Er schlug mit dem Gewehrkolben auf uns ein …»

«Wir mussten völlig nackt vorwärts gehen, Männer, Frauen und Kinder. Die Tänzerin … war die Einzige, die sich nicht ausgezogen hatte.»

Sie wurde gezwungen, sich auszuziehen. Ein Überlebender erzählt:

«[Die SS-Leute] standen glotzend da … Dann lehnte sie sich mit ihrem linken Arm gegen einen Betonpfeiler,

bückte sich und hob den linken Fuß etwas hoch, um den Schuh auszuziehen. Was dann geschah, spielte sich in Blitzesschnelle ab. Mit einer reflexartigen Bewegung schlug sie [einem SS-Mann] mit dem Absatz ihres Stöckelschuhs wuchtig gegen die Stirn. Er bedeckte sein Gesicht, das schmerzverzerrt war, mit beiden Händen. In diesem Augenblick stürzte sich die junge Frau auf ihn und entriss ihm mit einem raschen Griff die Pistole. Dann fiel ein Schuss. [Ein anderer SS-Mann] schrie auf und fiel zu Boden. Sekundenbruchteile später fiel ein zweiter Schuss, der ... [das] Ziel verfehlte ... [Es] fiel ein dritter Schuss. Ich sah, dass einer der SS-Männer ... zu humpeln begann und panikartig zur Tür stürzte ...»
«Den letzten Schuss hat sie für sich selbst aufgehoben.»
Aber sie hatte gekämpft.

Fluchtversuche

Die Deportationszüge waren oft tagelang unterwegs. Die Türen waren von außen verriegelt, manchmal sogar zugenagelt. Bewaffnete Wachmannschaften begleiteten die Züge. Wollte man aus dieser fahrenden Pesthölle entkommen, musste man die Bohlen vom Fußboden der Waggons hochreißen und sich unter den fahrenden Zug auf die Gleise fallen lassen oder sich durch die kleine, mit Stacheldraht vergitterte Luftöffnung hindurchzwängen, den Sprung und den harten Aufschlag neben den Gleisen wagen. Wenn man sich dabei nicht die Knochen brach und wenn die Wachposten danebenschossen, konnte die Flucht in den Wald gelingen.

Viele wagten den Sprung aus dem Zug und starben neben den Gleisen. Andere starben, weil sie nicht wussten, wie man in der Wildnis überlebt. Wieder andere wurden eingefangen, abgeliefert und erneut deportiert. Die folgende Geschichte ist typisch. Es handelt sich um einen Jungen von knapp dreizehn Jahren, der nach Belzec deportiert werden sollte:

«Ich entschloss mich zu fliehen. Es waren einige junge Leute im Waggon und wir rissen den Stacheldraht von der kleinen Luke herunter. Ich kletterte hoch, zwängte mich durch die Öffnung und sprang. Es war dunkel. Die SS-Leute schossen die ganze Zeit, obwohl sie keinen Flüchtling sehen konnten, nur um uns einzuschüchtern. Ich schlug auf die Erde auf, der Zug rauschte vorbei …

Der elektrisch geladene Zaun um das Lager Auschwitz

Ich marschierte einen Waldweg entlang. Plötzlich erschien ein Ukrainer vor mir und schrie: ‹Wo willst du hin?› Ich antwortete, ich sei auf dem Weg nach Kolomea. ‹Also bist du aus dem Zug entkommen›, sagte er und griff nach meiner Hand. ‹Komm, wir gehen zur Polizei.› ...

Ich fing an zu rennen. Ich rannte, als wäre der Tod hinter mir her, und schließlich entkam ich ...

Als ich weiterging, wurde ich plötzlich von drei Ukrainern umringt. Sie führten mich zu einer kleinen Baracke ..., wo ich einige andere Juden sah, die aus dem Zug entkommen und wieder aufgegriffen worden waren. Wir wurden zusammengeschlagen ...

Entlang den Gleisen lagen viele Menschen, die wie ich aus dem Zug gesprungen waren. Einige waren tot. Andere lebten noch, hatten sich aber Arme oder Beine gebrochen.

In Kolomea ... wurden wir wieder zusammengeschlagen und dann zur Gestapo gebracht und ins Gefängnis gesteckt.»

Wie der Fluchtversuch dieses Jungen zeigt, machten viele Umstände eine erfolgreiche Flucht aus den Zügen fast unmöglich. Trotzdem konnten einige entkommen; viele waren es aber nicht. Diese Flüchtlinge überlebten den Krieg in ihren Verstecken und ernährten sich von dem, was sie im Wald finden konnten, oder sie fanden Menschen, die bereit waren, sie bei sich aufzunehmen. Einige stießen auf Widerstandsgruppen – Partisanen – in den Wäldern und schlossen sich ihnen an, um gegen die Deutschen zu kämpfen.

Wer aus dem Lager flüchtete, hatte mit ähnlichen Schwierigkeiten zu kämpfen, wenn er es überhaupt bis in die Wälder schaffte. Denn die SS-Leute hatten Spürhunde, mit denen sie das Gebiet um die Lager gründlich absuchten. Trotzdem gab es auch viele Fluchtversuche aus den Lagern, von denen allerdings nur wenige erfolgreich waren. Allein im Lager Auschwitz unternahmen während der fünf Jahre seines Bestehens 667 Menschen einen Fluchtversuch, aber nur 76 von ihnen konnten sich in die Freiheit retten.

Viele Häftlinge hatten gar keine Chance zu flüchten. Denn auch innerhalb der Lager war die Bewegungsfreiheit der meisten Häftlinge außerordentlich eingeschränkt. Vom Block zur Arbeit zum Appell, mehr war nicht erlaubt, und jedes Fehlen wurde sofort bemerkt. Wer jedoch etwas höher in der Häftlingsrangordnung stand, konnte sich etwas freier bewegen – Ärzte und Krankenpfleger, Klempner und Elektriker, Begräbniskommandos, Boten und dergleichen. Solche Häftlinge waren es, die die meisten Fluchtversuche unternahmen.

In allen Lagern gab es Ausbrüche, sogar in den Vernichtungslagern Belzec, Sobibor und Treblinka. Überall waren die Schwierigkeiten und Probleme ähnlich. Hier ist ein Bericht aus Auschwitz:

Die Flucht musste in allen Einzelheiten geplant werden. Entscheidend war die Geheimhaltung. Nur wer absolut vertrauenswürdig war, durfte eingeweiht werden. Zunächst mussten Kleidung, Geld und Essen «organisiert» werden. In der Regel wurden diese Sachen aus «Kanada» ins Lager geschmuggelt und versteckt. Ganz wichtig war auch der Kontakt zur Außenwelt. Gelegentlich kamen Arbeiter von draußen, die im Lager zu tun hatten. Zwar durften sie nicht mit den Gefangenen reden, einige versorgten die Häftlinge jedoch mit Landkarten der Umgebung und Informationen über sichere Fluchtwege und verlässliche Menschen – und ließen sich dafür gut bezahlen. Das Lager war von einem doppelten Elektrozaun umgeben. Bewaffnete Posten patrouillierten rund um den Zaun, andere überblickten das Lager von ihren Wachtürmen. Sobald das Fehlen eines Gefangenen beim Appell bemerkt wurde, setzte die Fahndung ein. Konnte man den Flüchtling im Lager nicht finden, heulten die Sirenen auf. Dutzende SS-Leute mit Hunden, unterstützt von der örtlichen Polizei, suchten jeden Quadratzentimeter Boden in der Umgebung des Lagers ab.

Hatte der Flüchtling alle Hindernisse überwunden, so fand er sich in einem von Deutschen bewohnten Gebiet wieder. Denn aus einem Umkreis von etwa fünfundvierzig Quadratkilometern rund um das Lager waren die ursprünglich polnischen Bewohner entfernt und durch so genannte «Volksdeutsche» – polnische Bürger deutscher Herkunft – ersetzt worden.

Auch nach dem Verlassen dieses Gebiets stand dem Flüchtling ein gefährlicher, schwieriger Weg bevor, bis er sein – hoffentlich – sicheres Ziel erreichte. Er musste zu Fuß gehen und es bestand jederzeit die Gefahr, von Sympathisanten der Nazis aufgegriffen oder von falschen Helfern verraten zu werden. Hatte er endlich die Wälder erreicht, so durfte er hoffen, vielleicht doch noch andere Zeiten zu erleben.

Dass es überhaupt erfolgreiche Ausbrüche aus den Lagern gab, ist erstaunlich. Und doch gab es sie. Vier Häftlinge, die aus Auschwitz entkamen, brachten die ersten Nachrichten über die Gaskammern und den Ausrottungsplan der Nazis in den Westen. Andere, die sich den Partisanengruppen in den Wäldern anschlossen, fügten den Nazis einen viel größeren Schaden zu, als aus den Unterlagen hervorgeht. Viele fanden bei diesen Gefechten den Tod und werden ewig namenlos bleiben.

Widerstand mit allen Mitteln

Die gegen die Juden Europas aufgefahrene Macht schien unbesiegbar. Freunde hatten die Juden nur wenige, und der Terror war scheinbar grenzenlos und ohne Ende. Nichts hatte sie auf diesen Schrecken vorbereitet, und keine Erfahrung aus ihrem bisherigen Leben hätte sie darauf vorbereiten können. Der aktive Widerstand war ihnen fremd. Und doch leisteten sie Widerstand – mit allen Mitteln, die ihre entsetzlichen Lebensbedingungen zuließen.

Noch waren sie nicht erledigt. Als sie begriffen, dass ihnen die Vernichtung zugedacht war, kämpften sie genauso unermüdlich wie der tapferste Soldat in der modernsten Armee. Bekamen sie Waffen in die Hand, leisteten sie Widerstand in einer Sprache, die auch die Nazis verstanden.

Bewaffneter jüdischer Widerstand

Der letzte Wunsch meines Lebens hat sich erfüllt.
Die jüdische Selbstverteidigung ist eine Tatsache,
Widerstand und Rache der Juden sind Wirklichkeit
geworden.

Mordechaj Anielwicz, Kommandant des Warschauer Ghettoaufstandes

Einige Tatsachen

Tatsache ist: In den Ghettos, in den Konzentrationslagern, selbst in den Vernichtungslagern gab es viele bewaffnete Aufstände gegen die Nazis. In jedem von den Nazis kontrollierten Land gab es, wenn es Juden gab, auch einen jüdischen Untergrund und jüdischen Widerstand.

Die genaue Anzahl der Aufstände wird nie bekannt sein. Sie mussten ja heimlich vorbereitet werden. Jederzeit konnten Teilnehmer verhaftet werden, also gab es selten schriftliche Aufzeichnungen, und wenn es sie gab, wurden sie gut versteckt und sind in den seltensten Fällen gefunden worden. Die wenigen Überlebenden werden mit der Zeit immer weniger und mit ihnen sterben ihre Erinnerungen.

So viel weiß man aber – dass die fünfundzwanzig Aufstände, die auf der Karte hier verzeichnet sind, nur einen Teil der Geschichte darstellen. Immer wieder tauchen Belege für weitere Rebellionen auf: Tagebücher und Aufzeichnungen werden entdeckt, die jahrelang ungelesen in Archiven in allen Teilen der Welt gelegen haben; von den Teilnehmern versteckte Dokumente werden gefun-

Jüdische Aufstände 1942–1945

Trotz der überragenden militärischen Überlegenheit der Deutschen rebellierten viele der von Hunger geschwächten und von den Nazis terrorisierten Juden noch auf der Schwelle des Todes gegen das ihnen zugedachte Schicksal; nicht nur in den Ghettos, in die man sie eingesperrt hatte, sondern sogar in den Konzentrations- und Vernichtungslagern.

Diese Karte zeigt zwanzig Ghettos und fünf Vernichtungs- und Konzentrationslager, in denen Juden sich zusammenschlossen und, oft fast unbewaffnet, den Kampf mit ihren Folterern aufnahmen. Diese fünfundzwanzig Aufstände zählen zu den erhabensten und mutigsten Episoden nicht nur der jüdischen Geschichte, sondern der Weltgeschichte.

◇ Ghettos, in denen Juden gegen die Deutschen rebellierten, mit Datum. Viele der Aufständischen konnten in die Wälder entkommen und schlossen sich jüdischen, polnischen oder sowjetischen Partisanengruppen an.

◆ Vernichtungs- und Konzentrationslager, in denen Juden rebellierten, mit dem Datum des Aufstandes. Fast alle Aufständischen wurden gefasst und ermordet.

den; weitere Überlebende erzählen ihre Geschichten; Berichte der Deutschen kommen ans Licht.

Wenn man den Erfolg einer Aktion nur daran misst, ob der Feind besiegt wird, dann war der jüdische Widerstand erfolglos. Den Krieg haben die Nazis zwar schließlich verloren, aber es gelang ihnen doch, einen Großteil der Juden Europas zu ermorden. Es fehlte nicht viel und sie hätten ihr Ziel erreicht und alle vernichtet. Den Erfolg der jüdischen Aufstände muss man anders messen. Denn die Juden waren Realisten. Sie kämpften ohne Hoffnung auf einen Sieg. Sie kämpften um ihre Ehre als Juden und als Menschen. Sie kämpften darum, mit Würde zu sterben. Ihr Beispiel zeigt vor allem, welchen Mut Menschen selbst in einer aussichtslosen Lage entwickeln können.

Zum offenen Widerstand kam es meistens, als den Juden klar wurde, dass die Nazis sie nicht nur brutal versklaven wollten, sondern ihre Vernichtung planten.

Bis Mitte 1942 war bereits die Hälfte der Bevölkerung der Ghettos deportiert worden. Die Existenz der Vernichtungslager war inzwischen bekannt, und die verbleibenden Juden mussten erkennen, dass sie zum Tode verurteilt waren. Auch in den Lagern wussten die am Leben gebliebenen Juden, dass sie unweigerlich ermordet würden, wenn die Deutschen sie nicht mehr zur Aufrechterhaltung des «Betriebs» brauchten. Vor diesem Hintergrund formierte sich in den Ghettos und Lagern der Untergrund, der insgeheim den Aufstand vorbereitete.

Im Ghetto wie im Lager standen die Juden vor ähnlichen Problemen. Ihre Untergrundorganisationen erhielten wenig oder keine Unterstützung von Nichtjuden; oft wurden sie sogar gerade von den Menschen verraten, die sie um Hilfe gebeten hatten. Viele Mitglieder wurden entdeckt, starben bei der Folter oder wurden vergast, bevor die Pläne ausgeführt werden konnten. Dennoch gelang es den Juden, geduldig und unter größter Geheimhaltung, Waffen in die Lager zu schmuggeln und manchmal jahrelang zu verstecken. Zum geheimen Waffenarsenal gehörten außerdem Äxte und Messer, die sie teilweise selbst herstellten.

Wenn den Juden Pistolen und Munition zur Verfügung standen, überraschten sie die Deutschen immer wieder mit ihrer Kühnheit und Schlauheit. Wie Goebbels am 1. Mai 1943 seinem Tagebuch anvertraute: «Die Juden haben es doch tatsächlich fertig gebracht, das [Warschauer] Ghetto in Verteidigungszustand zu setzen. Es spielen sich dort sehr harte Kämpfe ab ... Allerdings wird der Spaß nicht lange dauern. Man sieht aber daran, wessen man sich seitens der Juden zu gewärtigen hat, wenn sie im Besitze von Waffen sind.» Wenn sie keine richtigen Waffen bekommen konnten, kämpften sie mit Stöcken und kochendem Wasser, Eisenstangen und Säure oder mit ihren bloßen Händen.

Wann und womit sie auch kämpften – angesichts ihrer verhältnismäßig kleinen Zahl und ihrer mangelnden Ausbildung brachten diese Juden ihren Henkern erhebliche Verluste bei.

Das Warschauer Ghetto

Am 5. September 1942 wiesen die Nazis alle Juden im Warschauer Ghetto an, sich «zwecks Registrierung» auf einem sieben Häuserblocks umfassenden Areal einzufinden und Nahrungsmittel für zwei Tage mitzubringen. Im Ghetto hatten früher mehr als eine halbe Million Menschen gelebt; inzwischen waren es vielleicht 115 000. Das Sammelgebiet wurde abgesperrt und von bewaffneten Posten umstellt. Aus den «zwei Tagen» wurde eine Woche. In dieser einen Woche wurden täglich fast zehntausend Juden deportiert. Weitere dreitausend wurden erschossen. Etwa 45 000 waren noch am Leben, blieben noch im Ghetto. Die Juden nannten diese umzingelte, gequälte Masse Mensch *kesl* – «Kessel». Die Einkesselung markiert einen Wendepunkt in der Geschichte des Ghettos, denn von da an wurde der Wille lebendig, offenen Widerstand zu leisten. Ein Führer des Ghettos notierte in seinem Tagebuch:

«Die Menschen wollen, dass der Feind teuer bezahlt. Wir werden ihn angreifen, mit Messern, mit Knüppeln, mit Kugeln. Wir werden ihm nicht gestatten, die Menschen zusammenzutreiben und auf offener Straße abzuführen, denn jetzt wissen alle, dass uns in jedem Arbeitslager nur der Tod erwartet. Wir müssen Widerstand leisten. Junge und Alte müssen sich gemeinsam gegen den Feind wehren.»

Geheime Widerstandsgruppen existierten bereits. Ihre Mitglieder hatten vor dem Krieg jüdischen Jugendorganisationen angehört. Die wichtigsten Untergrundorganisationen waren die Zionisten, die einen jüdischen Staat in Palästina wollten, und der «Bund», dessen Anhänger an die Freiheit der Juden in einem sozialistischen Polen glaubten. Jetzt vereinten sich alle Widerstandsgruppen in der ZOB – so genannt nach ihrer polnischen Bezeichnung *Zydowka Organisacja Bojowa*: jüdische

Kampforganisation. Die Mitglieder der ZOB waren junge Menschen Anfang zwanzig, zum Teil sogar noch jünger. Ihr Anführer war dreiundzwanzig Jahre alt.

Sie besaßen keinerlei militärische Kenntnisse oder Ausbildung. «Der einfachste deutsche Soldat versteht mehr von der Kriegführung als jeder von uns», sagte ein Untergrundkämpfer. Ein anderer stellte klar: «Wir organisieren die Verteidigung des Ghettos nicht etwa deshalb, weil wir glauben, das Ghetto wirksam verteidigen zu können, sondern gerade um der Welt die Hoffnungslosigkeit unseres Kampfes zu zeigen – als eine Demonstration, als Vorwurf.» «Wir besitzen nichts außer unserer Ehre», sagte ein Dritter. Diese Ehre wollten sie verteidigen.

Den Kämpfern im Ghetto fehlte nicht nur die militärische Ausbildung. Sie hatten auch so gut wie keine Waf-

Die Aushebung des Warschauer Ghettos

171

fen. Als sie die nichtjüdische polnische Untergrundorganisation – die Heimatarmee – um Hilfe baten, erhielten sie gerade mal zehn Pistolen. «Ich bin nicht sicher, dass sie diese Waffen überhaupt benutzen werden», erklärte der polnische Oberkommandierende.

Unter großer Gefahr überwanden «arisch» aussehende junge Frauen und Mädchen – manche von ihnen fast noch Kinder – die Ghettomauern, um draußen Waffen zu besorgen. Riesige Summen zahlten sie an italienische Soldaten oder deutsche Deserteure – an jeden, der geldgierig genug war, ihnen eine Waffe zu verkaufen. Nach und nach wurden die Waffen, teilweise in Einzelteile zerlegt, ins Ghetto geschafft.

Die Untergrundorganisationen legten geheime Bunker an. Die Eingänge waren hinter Öfen und Herden oder unter Toiletten verborgen und führten zu Verstecken in Dachböden, Zwischenräumen und Kellern, die manchmal nur wenigen Menschen, manchmal aber auch Dutzenden Unterschlupf boten. Manche Verstecke waren im Grunde nur leere Räume, andere waren mit einer Heizgelegenheit, Strom, Wasser und Nahrungsmittelvorräten, manchmal sogar einem Radio oder einer kleinen Bibliothek ausgestattet. Die Untergrundkämpfer schufen auch Verbindungsgänge zwischen einzelnen Verstecken in einem Haus oder zwischen Dachgeschossen und Kellerräumen in benachbarten Häusern; sie gruben Tunnel, die Kellerräume und Hinterhöfe miteinander verbanden. Bald konnten sie sich in einem ganzen Häuserblock frei bewegen, ohne auf die Straße gehen zu müssen. Fenster und Türen verbarrikadierten sie mit Sandsäcken. In Eckwohnungen, von denen aus die Straßen am besten zu überblicken waren, richteten sie Wachposten ein.

Mit den üblichen Versprechungen wollten die Nazis die Juden dazu bringen, sich freiwillig zur Deportation zu melden. Aber die ZOB verteilte Flugblätter, in denen die Lügen der Nazis Punkt für Punkt widerlegt wurden. Nur wenige Juden meldeten sich.

Als die Deutschen die Arbeiter einer Fabrik «umsiedeln» und die Maschinen abtransportieren wollten, brannte in der Nacht vor der geplanten Deportation die ganze Fabrik nieder. Am nächsten Morgen erschienen nur fünfundzwanzig Arbeiter freiwillig zum Abtransport.

Den deutschen Behörden war inzwischen klar geworden, dass eine Untergrundorganisation an der Arbeit war. Einem Nazioffizier hatte der Führer des Judenrats sogar erklärt: «Ich habe keine Macht im Ghetto. Hier ist eine andere Autorität maßgebend.» Und doch unternahmen die Deutschen wenig, um die Mitglieder der Bewegung zu finden oder ihre Aktivitäten zu unterbinden. Die Erklärung hierfür ist wahrscheinlich ganz simpel. Die Nazis nahmen den jüdischen Widerstand nicht ernst. Es war für sie unvorstellbar, dass die Juden kämpfen würden. Sie irrten sich.

Am 18. Januar 1943 wurde das Ghetto ohne Vorankündigung umzingelt und von SS-Truppen angegriffen. Die Untergrundkämpfer waren überrascht worden und hatten keine Möglichkeit, die Verteidigung zu organisieren. Dennoch griffen ZOB-Gruppen mit Handfeuerwaffen und Granaten an. Drei Tage lang wurde gekämpft. Etwa tausend Juden wurden getötet, aber den Nazis waren viel weniger Juden als bei sonstigen Aushebungen in die Hände gefallen, und auch deutsche Soldaten waren getötet oder verwundet worden.

Die Verluste der ZOB waren hoch. Aber sie hatten die Deutschen zum Rückzug gezwungen. Durch diese Ereignisse wurde das Ghetto in Hochspannung versetzt. Tausende zogen sich in die Bunker zurück, erklärten ihre Bereitschaft, dort zu bleiben, bis man sie mit Waffengewalt herausholte, und gelobten, die Widerstandsgruppen nach Kräften zu unterstützen. Die Kämpfer erhielten Nahrungsmittel, Kleidung und alles, was sie sonst noch brauchten – außer Waffen.

Der polnische Widerstand, der von dem jüdischen Widerstand vermutlich genauso überrascht war wie die Deutschen, ließ der ZOB weitere neunundvierzig Pistolen, fünfzig Handgranaten und etwas Sprengstoff zukommen. Zusätzliche Mittel für Waffenkäufe erhielten die Kämpfer durch eine Art Steuer, die sie allen Ghettobewohnern abverlangten. Selbst der Judenrat musste Geld für die Verteidigung zur Verfügung stellen.

Die Untergrundorganisationen kontrollierten jetzt das Ghetto. Alle Energien wurden darauf gerichtet, einen möglichst wirkungsvollen Widerstand vorzubereiten. Die Mitglieder wurden in Zehnergruppen aufgeteilt, jeweils mindestens acht Männer und höchstens zwei Frauen. Mindestens fünf in jeder Gruppe mussten eine eigene Waffe besitzen. Insgesamt gab es etwas mehr als tausend Widerstandskämpfer.

Himmler selbst hatte befohlen, dass der «für 500000 Untermenschen vorhandene Wohnraum ... von der Bildfläche verschwindet». SS-Brigadeführer Jürgen Stroop war zuversichtlich, diesen Befehl in drei Tagen ausführen zu können.

Am frühen Morgen des 19. April 1943 wurde das Ghetto von SS-Männern, Soldaten der Wehrmacht, deutschen und polnischen Polizisten sowie ukrainischen Hilfskräften umstellt. Um sechs Uhr früh marschierten über zweitausend schwer bewaffnete Soldaten ins Ghetto ein. Ihnen folgten Kanonen, Panzerfahrzeuge und Lastwagen, die mit Sprengstoff beladen waren. Die jüdischen Kämpfer griffen an. Nach elf Stunden erbitterten Kampfes mussten sich Stroops Truppen aus dem Ghetto zurückziehen. «Wir waren glücklich, wir haben vor Freude gelacht», sagte ein ZOB-Kämpfer. Die Juden liefen auf der Straße zusammen, umarmten und küssten einander. Eine junge Frau erinnerte sich: «Die Freude unter den jüdischen Kämpfern war groß, denn diese deutschen Helden – O Wunder! – zogen sich zurück, voller Angst und Schrecken vor selbst gebastelten jüdischen Bomben und Handgranaten … Wir, die wir so wenige waren, und mit so armseligen Waffen, hatten die Deutschen aus dem Ghetto vertrieben.»

Die Nazis brachten Artillerie und Panzerfahrzeuge zum Einsatz. Die Juden wehrten sich mit Pistolen, Gewehren, einigen selbst gebauten Minen und Brandflaschen. Als ein deutscher Panzer in Brand geriet, «tanzten wir vor Freude», schrieb ein Kämpfer. «Es war der glücklichste Augenblick unseres Lebens.»

Die Deutschen stellten der ZOB ein Ultimatum. Die Juden sollten die Waffen niederlegen. Die ZOB antwortete mit Kugeln und Granaten.

Um die Ghettobewohner in die Knie zu zwingen, unterbrachen die Deutschen die Gas-, Elektrizitäts- und Wasserleitungen ins Ghetto. Als Geste der Unbeugsamkeit hisste die ZOB auf einem Dach die verbotene rotweiße Fahne Polens neben dem blauweißen jüdischen Banner.

Die Räumung des Warschauer Ghettos

Die Deutschen setzten Flammenwerfer ein und steckten ein Haus nach dem anderen in Brand, um die Ghettobewohner aus ihren Verstecken und Bunkern zu vertreiben – «die einzige und letzte Methode, dieses Gesindel und Untermenschentum an die Oberfläche zu zwingen», meinte Stroop, der aber in seinem Bericht auch notierte: «Immer wieder konnte man beobachten, dass ... Juden und Banditen es vorzogen, lieber wieder ins Feuer zurückzugehen, als in unsere Hände zu fallen.» Die ZOB konnte viele Juden retten, Tausende aber verbrannten bei lebendigem Leib. Als Gegenaktion steckte die ZOB ein Lagerhaus in Brand, in dem die Nazis Wertsachen horteten, die sie den Juden geraubt hatten.

Nach drei Wochen Kampf wurde am 8. Mai das versteckte Hauptquartier der ZOB von den Deutschen umzingelt. Als sich die Menschen im Bunker weigerten, ihre Waffen niederzulegen, pumpten die Deutschen Giftgas in den Keller. An die hundert Mitglieder der ZOB, darunter ihr Anführer, töteten sich lieber selbst oder gegenseitig, als dem Feind in die Hände zu fallen.

Einige Tage später entkamen etwa fünfundsiebzig ZOB-Kämpfer durch den Dreck der Abwasserkanäle auf die «arische» Seite, wo sie sich verstecken wollten; einige von ihnen erlebten dort das Kriegsende. Viele Juden, die vor oder nach dem Aufstand aus dem Ghetto entkommen konnten, beteiligten sich im Sommer 1944 am Aufstand der polnischen Untergrundarmee gegen die deutschen Besatzer.

Im Ghetto dauerte der Kampf bis zum 16. Mai an. Inzwischen waren die meisten Juden getötet, die anderen nach Treblinka abtransportiert worden. Auf Befehl Himmlers wurde die Hauptsynagoge Warschaus in die

Luft gesprengt und das ganze Ghettogebiet dem Erdboden gleichgemacht. Endlich konnte Stroop in seinen Abschlussbericht schreiben: «Es gibt keinen jüdischen Wohnbezirk in Warschau mehr!»

Die Deutschen hatten fast dreitausend Mann eingesetzt, die mit modernsten Waffen und Sprengstoff ausgerüstet waren und von Panzerfahrzeugen und Artillerie unterstützt wurden.

Die Juden hatten dagegen an die tausend Kämpfer, Pistolen, Handgranaten und selbst gebastelte Bomben, zwei oder drei leichte Maschinengewehre und einige erbeutete Karabiner.

Diese «an sich feigen Juden», wie Stroop sie nannte, wehrten sich fast einen Monat lang erfolgreich gegen die Deutschen. Zum Vergleich mit dem Kampf dieser jüdischen «Banditen und Untermenschen»: 1939 war Polen in 27 Tagen vollständig erobert worden; und auch das mächtige Frankreich hatte 39 Tage nach dem deutschen Angriff um einen Waffenstillstand gebeten.

Aufstände in den Lagern

Treblinka. Das Vernichtungslager Treblinka lag etwa fünfundsechzig Kilometer nordöstlich von Warschau und war im Zuge der «Aktion Reinhard» zur Vernichtung der polnischen Juden gebaut worden. Es war das zweitgrößte Tötungszentrum nach Auschwitz.

Bereits 1943 hatte Treblinka seine Aufgabe weitgehend erfüllt. Die Juden Polens waren fast alle tot, und auch aus den anderen Teilen Europas ließen die Transporte nach. Die im Tötungsbereich eingesetzten Sonderkommandos wussten, dass auch sie sterben mussten, wenn ihre Arbeit getan war. Auch die anderen Häftlinge gingen zu Recht davon aus, dass die Nazis Treblinka zum Schluss vollständig zerstören und die Insassen töten würden.

Im Lager existierte eine Untergrundorganisation, die aus etwa hundert Mann bestand. Sorgfältig wurde der Aufstand vorbereitet. Ein Schlosser, den die SS-Männer geholt hatten, um das Schloss ihrer Waffenkammer zu reparieren, hatte einen Wachsabdruck angefertigt und in mühseliger Arbeit einen Nachschlüssel hergestellt. Die SS sollte mit ihren eigenen Waffen bekämpft werden.

Als Datum wurde der 2. August 1943 festgelegt. Zeitpunkt: halb fünf Uhr nachmittags. Um diese Zeit war es hell, und die Aufständischen würden sich orientieren können; andererseits würde die hereinbrechende Nacht eventuellen Ausbrechern den Schutz der Dunkelheit bieten. Nun wurden Äxte und Drahtscheren aus einem Werkzeugschuppen geschmuggelt und an die Mitglieder der Untergrundorganisation verteilt. Mit Hilfe des nachgemachten Schlüssels verschafften sich einige junge Männer Zugang zur Waffenkammer und reichten mehr als ein Dutzend Gewehre, mindestens zwanzig Handgranaten und einige Pistolen heraus. Die Waffen wurden von den draußen wartenden Häftlingen auf einem Karren unter Bauschutt versteckt und auf diese Weise an die anderen Aufständischen verteilt, die sich an strategisch wichtigen Punkten des Lagers postiert hatten.

Der Häftling, der die Aufgabe hatte, die Lagergebäude täglich mit Desinfektionsmittel zu besprühen, füllte den Tank seines Karrens stattdessen mit geschmuggeltem Benzin. Alles lief nach Plan.

Dann geschah etwas Unerwartetes. Ein SS-Wachmann hielt zwei Häftlinge an und durchsuchte sie. Als er entdeckte, dass sie Geld in ihrer Kleidung versteckt hatten, begann er auf sie einzuschlagen. Daraufhin schoss ein Aufständischer auf den SS-Mann.

Der Schuss wurde allgemein als Signal für den Beginn des Aufstands verstanden – obwohl es eine halbe Stunde zu früh war und viele Vorbereitungen noch nicht abgeschlossen waren. Nicht alle Waffen waren verteilt, es gab keine zentrale Führung, nicht einmal alle Häftlinge waren informiert, und die Telefonleitungen zur Außenwelt waren noch nicht wie geplant durchschnitten worden. Aber es gab keine andere Möglichkeit. Der Aufstand musste seinen Lauf nehmen.

Bewaffnete Kämpfer schossen auf die SS-Leute und die ukrainischen Wachposten. Die Gebäude wurden in Brand gesetzt. Aber einige der nicht am Aufstand beteiligten Gefangenen gerieten in Panik. Manche liefen auf ihre Baracken zu, als könnten sie dort Schutz finden. Andere standen hilflos herum und wurden an Ort und Stelle niedergemäht. Hunderte liefen zum inneren Zaun, durchschnitten den Stacheldraht und flohen. Bis zum äußeren Zaun waren es weitere fünfzig Meter. Die meisten Flüchtlinge wurden von den Posten in den Wachtürmen im Niemandsland zwischen den Zäunen erschossen. Viele von denen, die es dennoch bis zum zweiten Zaun schafften, wurden beim Klettern erschossen; ihre Leichen bildeten eine Brücke, auf der weitere Flüchtlinge den Zaun überwinden und entkommen konnten.

Die Überlebenden rannten stundenlang über Felder und durch den Wald, gejagt von SS-Männern und Polizei. Etwa achthundert Menschen waren am Aufstand beteiligt. Von ihnen wurde fast die Hälfte im Lager oder an den Zäunen getötet. In den folgenden Tagen wurden weitere dreihundert auf der Flucht aufgegriffen und ermordet. Etwa einhundert Häftlinge, darunter ein Großteil der Sonderkommandos, konnten in den Wäldern ihren Verfolgern entkommen.

Unterlagen der Nazis über den Aufstand sind nicht gefunden worden. Man schätzt, dass bis zu fünfundzwanzig deutsche und ukrainische Wachposten getötet oder verwundet wurden. Ein Großteil des Lagers war niedergebrannt worden; die Gaskammern waren aber unzerstört. Nur etwa einhundert jüdische Häftlinge blieben im Lager. Sie wurden eingesetzt, um das Lager im Laufe des September und Oktober 1943 zu demontieren. Anschließend wurden sie erschossen. Alle Spuren wurden beseitigt oder untergepflügt. Wo das Vernichtungslager gestanden hatte, wurde ein früherer Wachmann aus der Ukraine mit seiner Familie angesiedelt, der das Areal als Bauernhof bewirtschaftete.

Sobibor. Das Vernichtungslager Sobibor lag etwa vierzig Kilometer nordöstlich der Stadt Cholm (Chelm). Wie Treblinka war es im Zug der «Aktion Reinhard» eingerichtet worden und wie Treblinka hatte Sobibor 1943 seine Aufgabe fast erfüllt. Das Nachlassen der «Arbeit» ließ auch hier die verbliebenen Häftlinge ihre baldige Vernichtung befürchten.

Ein Aufstand wurde vorbereitet. Als Datum wurde der 14. Oktober 1943 festgesetzt, als Zeitpunkt halb vier Uhr nachmittags, noch während des Arbeitseinsatzes. Der Plan sah vor, die SS-Männer mit selbst gebastelten Äxten und Messern einzeln zu überwältigen. Mit den erbeuteten Waffen würden die Aufständischen dann zur normalen Zeit ins Lager zurückmarschieren, wo die anderen Insassen beim Appell schnell informiert werden könnten. Um keinen Verdacht zu erregen, sollten sie in ordentlichen Reihen zum Lagerausgang marschieren. Überall sonst war nämlich das Lager von Minenfeldern umgeben. Bei der geschlossenen Flucht durchs Lagertor sollten die Mitglieder des Untergrunds mit den erbeuteten Waffen die ukrainischen Posten in den Wachtürmen unter Beschuss nehmen.

Am festgesetzten Tag und zur festgesetzten Uhrzeit wurden die SS-Männer wie geplant einzeln in die Falle gelockt und getötet – einer beim Anprobieren eines neuen Ledermantels, zwei weitere in der Schneiderei, wo sie neue Uniformjacken anprobieren wollten, einer beim Schuhmacher, wo neue Stiefel auf ihn warteten, und so weiter. Ein SS-Offizier konnte nicht gefunden werden, aber es war nicht möglich, den Ausbruch länger aufzuschieben. Die inzwischen bewaffnete Gruppe marschierte zum Appellplatz, wo die anderen Häftlinge sich bereits versammelten.

Plötzlich kam ein deutscher Posten auf die Aufständischen zu. Er wurde sofort getötet. Gerade in diesem Augenblick kam eine Frauengruppe auf den Appellplatz, und beim unerwarteten Anblick schrien einige Frauen auf, eine von ihnen wurde sogar ohnmächtig. Von den Wachtürmen richteten die alarmierten Posten ihre Maschinengewehre auf die Häftlinge. An einen ordentlichen Abzug war nicht mehr zu denken, aber die Aufständischen fassten blitzschnell den Entschluss, weiterzumachen. Der Führer des Aufstands erinnerte sich:

«‹Vorwärts, Kameraden!›, rief ich laut.

‹Vorwärts!›, wiederholte jemand zu meiner Rechten.

‹Für unser Vaterland, vorwärts!›

Die Losungen hallten wie Donner im Todeslager und vereinigten Juden aus Russland, Polen, Holland, Frankreich, der Tschechoslowakei und Deutschland. Sechshundert schmerzverzerrte, gequälte Menschen stürmten mit einem wilden ‹Hurra!› auf den Lippen vorwärts, in Richtung Leben und Freiheit ...»

Aber die Führung hatte die Kontrolle verloren. Die Häftlinge liefen wild durcheinander. Inzwischen war der fehlende SS-Offizier aufgetaucht und fing sofort an zu schießen. Das Haupttor lag unter Beschuss. Dort war kein Durchkommen, also mussten die Aufständischen über die Stacheldrahtzäune klettern. Viele von ihnen blieben im Minenfeld liegen, aber ihre Leichen markierten für die um ihr Leben laufenden Häftlinge sichere Fluchtwege, wo die Minen bereits explodiert waren.

Etwa dreihundert Insassen von Sobibor gelang der Ausbruch. In der folgenden Menschenjagd wurden etwa einhundert aufgespürt und getötet. Zweihundert konnten in den Wäldern entkommen.

Elf SS-Männer wurden bei dem Aufstand getötet, außerdem mehrere ukrainische und «volksdeutsche» Wachposten getötet oder verwundet. Wie Treblinka wurde Sobibor demontiert, und zwar im Dezember 1943. Auch hier wurde jede Spur beseitigt und ein Bauernhof an Stelle des Lagers errichtet.

Auschwitz. Die nichtjüdische Untergrundorganisation im Hauptlager von Auschwitz hatte Pläne für einen bewaffneten Aufstand im ganzen Lager ausgearbeitet. An diesem Aufstand sollten auch die Sonderkommandos im Tötungszentrum Birkenau beteiligt werden – mehrere hundert Mann.

Die in den Sonderkommandos arbeitenden Juden wussten, dass sie – nicht anders als die Sonderkommandos in Treblinka und Sobibor – nur so lange am Leben bleiben würden, wie sie den Nazis von Nutzen waren. Verzweifelt baten sie deshalb mehrmals, den Aufstand endlich anzusetzen, doch jedesmal hieß es, der Zeitpunkt sei noch nicht reif dafür.

1944, nach der Ermordung der ungarischen Juden, wurden ihre Befürchtungen wahr. Die Gaskammern und Krematorien arbeiteten jetzt langsamer, und eine Gruppe von dreihundert Männern vom Sonderkommando des Krematoriums Nummer 4 wurde bereits zur «Überstellung» selektiert. Obwohl sie damit dem Tod geweiht waren, wurden sie wieder einmal vom nichtjüdischen Untergrund auf später vertröstet. Zum gegenwärtigen Zeitpunkt, hieß es, könnte ein Aufstand «eine Katastrophe für das ganze Lager» bedeuten.

Die Nichtjuden, so glaubten die Mitglieder der Sonderkommandos, setzten darauf, bis zur Befreiung durch die Rote Armee am Leben zu bleiben. Schließlich wussten alle Insassen, dass sich die sowjetischen Streitkräfte rasch dem Lager näherten. Als Juden blieb den Männern in Birkenau allerdings keine Hoffnung auf Überleben. Die dreihundert beschlossen, allein den Aufstand zu wagen. Ihre Ausrüstung: drei Pistolen, etwas Dynamit, eine Isolierzange (zur Durchtrennung des Elektrozauns) sowie einige Äxte und Messer.

Am Tag ihrer geplanten «Überstellung» legten sie Brandsätze im Krematorium Nummer 4. Als die dreihundert Männer ausgesondert wurden und zur Seite treten sollten, hagelte es plötzlich Steine auf die Wachposten.

Mit ihren versteckten Messern und Äxten gingen die Häftlinge auf die Wachen los. Mehrere SS-Männer und ukrainische Posten fielen zu Boden. Mitten im Kampf explodierten die Brandsätze im Krematorium.

Im Krematorium Nummer 2 sahen die Arbeiter vom Sonderkommando den aufsteigenden Rauch und glaubten, der geplante allgemeine Aufstand sei endlich in Gang gekommen. Sie durchschnitten den Zaun und flohen.

Mehrere hundert Häftlinge wagten die Flucht. Etwa zweihundert wurden noch im Lager erschossen; zweihundertfünfzig konnten den Stacheldraht überwinden. Alle Flüchtenden wurden jedoch gefasst und erschossen.

Drei SS-Männer wurden bei dem Aufstand im Krematorium getötet, einige andere verwundet. Das Krematorium Nummer 4 wurde zerstört.

Am 17. Januar 1945, kurz vor Eintreffen der sowjetischen Armee, wurden fast alle Insassen von Auschwitz evakuiert. Den Todesmarsch in Richtung Westen überlebten nur wenige. Zurück blieben fast 8000 Menschen, die so krank und schwach waren, dass sie nicht mehr gehen konnten. Am 20. Januar sprengten die Deutschen die Krematorien in die Luft. Bei ihrem überhasteten Abzug gelang es ihnen nicht mehr, alle im Lager verbleibenden Häftlinge wie geplant zu erschießen. Am 27. Januar erreichten sowjetische Soldaten Auschwitz.

Erfolg oder Fehlschlag?

Fast alle Teilnehmer der Aufstände in Warschau und anderen Ghettos wurden getötet; ebenso die meisten Aufständischen in den Lagern. Die Lager funktionierten auch nach den Rebellionen weiter. Vielleicht trugen die Aufstände dazu bei, dass der Lagerbetrieb etwas früher als von den Nazis geplant eingestellt wurde, aber das war alles. Der Krieg näherte sich ohnehin seinem Ende. Von den Menschen, die fliehen konnten, blieben die meisten nur kurze Zeit in Freiheit, nur kurz am Leben. Sie wurden aufgespürt, durch Spitzel verraten oder von antisemitischen Bauern getötet; andere starben an Hunger und Kälte in den Wäldern. Einige wenige konnten sich den Partisanen anschließen. Noch weniger erlebten das Ende des Krieges.

So betrachtet, waren die Aufstände ein einziger Fehlschlag. Aber man kann sie anders betrachten.

In den Ghettos nahmen kämpfende Juden viele Deutsche mit in den Tod – mehr, als dieses kurze Kapitel zeigen kann. In Warschau hielten sie einige tausend Soldaten von der Front ab, wo sie dringend benötigt wurden. In Treblinka und Sobibor schafften es die meisten Insassen, aus dem Lager zu fliehen, was allein schon ein Erfolg war. In Treblinka entging mehr als die Hälfte der Rebellen dem Tod im Lager; in Sobibor waren es sogar mehr als zwei Drittel.

Gewiss, sie starben doch – fast alle. Aber die Entscheidung über ihren Tod hatten sie den Nazis aus den Händen gerissen. Im Widerstand starben die Juden auf eine Weise, die sie selbst frei gewählt hatten.

Der Kampf der Partisanen

Geflüchtete Juden hielten sich in der Regel irgendwo auf dem Land versteckt. Aber auch der dichteste Wald bot keine Sicherheit. Erstens wussten die Städter unter ihnen nicht, wie man im Freien überlebt. Und wenn sie – zweitens – aus einem fremden Land kamen, konnten sie sich in der Landessprache nicht verständigen, hatten weder Verbindungen zur örtlichen Bevölkerung noch irgendwelche Kenntnisse ihrer Umgebung. Drittens hielten deutsche Patrouillen ständig nach ihnen Ausschau. Viertens mussten sie immer wieder die Erfahrung machen, dass von der örtlichen Bevölkerung keine Hilfe zu erwarten war. Sei es aus Furcht, sei es aus Antisemitis-

Jüdische Partisanen aus Vilnius (Wilna)

mus: Bauern und Landarbeiter waren selten bereit, jüdischen Flüchtlingen zu helfen. Es kam sogar vor, dass Mitglieder nichtjüdischer Widerstandsgruppen in Polen jeden Juden umbrachten, der ihnen in die Hände fiel. Und Spitzel gab es überall. Ein Pfund Salz für den Kopf eines Juden – das war für viele arme Bauern Belohnung genug. Und doch gelang es einigen Juden, in den Wäldern zu überleben. Sie mussten mutig und schlau sein, und sie mussten Glück haben. Viele von ihnen wurden Partisanen. Partisaneneinheiten wurden oft von Flüchtlingen aus bestimmten Ghettos gegründet – aus Lukow, Pulawy, Lublin und anderen. Untergrundkämpfer aus dem Ghetto von Wilna gründeten eine Einheit, die später als «Rächer von Wilna» bekannt wurde. Drei Partisanenbataillone bestanden mehrheitlich aus ehemaligen Bewohnern des Ghettos von Kowno.

Die Partisanen bewaffneten sich so gut es ging. Den Grundstock bildeten die Waffen, die sie auf der Flucht mitgenommen hatten. Sie stahlen, was sie konnten. Und sie nahmen natürlich den von ihnen überfallenen deutschen Soldaten die Waffen ab. Daneben wurden sie gelegentlich auch von den Bauern unterstützt.

Es gab buchstäblich Tausende verschiedene und verschiedenartige Gruppen. Manche waren klein und bestanden aus weniger als zehn Männern und Frauen, ja manchmal aus weniger als fünf. Andere waren erheblich größer. Zur Einheit aus Wilna gehörten schließlich über vierhundert Menschen; in anderen Gruppen wuchs die Mitgliederzahl auf fast tausend. «Familienlager» entstanden als Zufluchtsorte für Tausende – Männer, Frauen und Kinder; in manchen wohnten nur zwei Familien, in anderen einige hundert. Ein solches Familienlager in Rußland wurde so groß, dass es «die jüdische Stadt» genannt wurde und den Namen «Jerusalem» erhielt.

Wie viele Gruppen es gab und wie viele Anhänger sie hatten, wissen wir nicht. Allein aus den Aufzeichnungen der Deutschen wissen wir aber, dass es nicht wenige waren und dass ihre Rache die Nazis teuer zu stehen kam. In jedem von den Deutschen besetzten Land hatten sich schnell Partisanengruppen gebildet. Und im Verlauf des Krieges entschieden sich immer mehr Juden und Nichtjuden zur Partisanentätigkeit. Als der nichtjüdische Widerstand in Osteuropa endlich die Fähigkeiten der jüdischen Kämpfer anerkannte, schlossen sich viele

Jüdische Partisanen aus Lublin

Juden den verschiedenen nationalen Partisanengruppen an – Polen, Russen, Tschechen und so weiter – und kämpften mit Nichtjuden zusammen gegen den gemeinsamen Feind. Manche Einheiten bestanden jedoch bis Kriegsende ausschließlich aus Juden. Die Partisanengruppen waren oft militärisch gut organisiert und hielten miteinander und mit alliierten Stellen Verbindung, um ihren Kampf gegen die deutschen Streitkräfte möglichst effektiv zu führen.

Außerhalb Osteuropas – in Frankreich, Holland, Belgien und anderswo – kämpften die Juden im Rahmen des Widerstands nicht in erster Linie als Juden, sondern als Bürger ihres Landes. Auch die Mitglieder einer jüdischen Einheit wie der französischen Armée Juive («Jüdische Armee») kämpften als Franzosen für Frankreich, nicht nur als Juden.

Das ist einer der Gründe, weshalb die Berichte über Partisanenaktivitäten in Westeuropa selten die Juden besonders hervorheben. So viel weiß man aber: der Anteil jüdischer Widerstandskämpfer war höher als der Anteil von Juden an der Gesamtbevölkerung. Dass sie nicht besonders erwähnt werden, zeigt ja nur, dass sie den gleichen Mut und die gleiche Kraft aufbrachten wie die Nichtjuden, an deren Seite sie kämpften.

In ganz Europa sprengten jüdische und nichtjüdische Partisanen im Kampf gegen Hitler Brücken in die Luft, sabotierten Züge, zerstörten den deutschen Nachschub, töteten Verräter, griffen Patrouillen an. Aber vielleicht kämpften die jüdischen Partisanen mit größerer Wut als ihre nichtjüdischen Kameraden, vielleicht brannte in ihnen der Wunsch nach Rache stärker.

Diese tapferen Männer und Frauen hatten selten ausreichend Waffen und Munition und immer zu wenig zu essen und zu trinken; sie lebten in ständiger und schrecklicher Gefahr. Als Partisanen mussten sie ihre Aktivitäten verheimlichen. Als Juden mussten sie ihre bloße Existenz verheimlichen.

Wie die meisten gequälten und sterbenden Juden, die sie zurückgelassen hatten, glaubten sie keinen Augenblick an einen Sieg der Nazis. Wie die anderen wollten sie das Ende des Krieges und ein Zeitalter des Friedens und der Gerechtigkeit erleben. Dann würden ihnen im Namen der vielen Ermordeten neue Aufgaben zufallen.

«Wenn unser Überleben irgendeinen Sinn hat, dann besteht er vielleicht darin, Zeugnis abzulegen», schrieb ein Mitglied des Widerstands. «Das schulden wir nicht nur den Millionen, die in die Gaskammern und Krematorien geschleppt wurden, sondern allen unseren Mitmenschen, die brüderlich miteinander leben wollen – und einen Weg dorthin finden müssen.»

Die Haltung der USA und Großbritanniens

*Wenn Pferde hingeschlachtet würden wie jetzt die Juden
Polens, wäre längst die Forderung nach einem wirksamen
Vorgehen gegen solche Tierquälerei laut geworden.*

Rabbi Meyer Berlin an den amerikanischen Senator Robert P. Wagner

Die meisten freien Nationen der Welt unternahmen
wenig oder gar nichts, um den Juden Europas zu helfen, als sie ausgerottet wurden. Sie können nicht behaupten, sie hätten nichts gewusst. Schon bald nach
Kriegsbeginn, wenn nicht schon früher, war ihnen die
Wahrheit bekannt. Hätten sie gehandelt – frühzeitig, als
sich die Entwicklung in Deutschland bereits abzeichnete, oder später, als die Vernichtungslager im vollen Betrieb waren: Tausenden, ja vielleicht Millionen hätten
sie das Leben retten können. Aber sie unternahmen
nichts.

Es gibt Ausnahmen – einzelne Menschen und einzelne Regierungen. Von ihnen wird im nächsten Kapitel
die Rede sein. Dieses Kapitel ist den wichtigsten Handlungen – und den Unterlassungen – der Regierungen der
Vereinigten Staaten und Großbritanniens gewidmet.

Die ersten Jahre

Die judenfeindliche Gesinnung der Partei Hitlers war allgemein bekannt und wurde durch ihre Aktionen nach
der «Machtergreifung» noch unterstrichen. Über die
Nürnberger Gesetze und den Boykott jüdischer Ge-

192

schäfte wurde in der ganzen Welt berichtet; fast überall fand man äußerst kritische Worte für ein solches «unzivilisiertes Benehmen». In dieser Zeit, zwischen 1933 und dem Kriegsausbruch 1939, stieg die Zahl der jüdischen Auswanderer aus Deutschland und Österreich.

Die anderen europäischen Länder und die Vereinigten Staaten nahmen zwar jüdische Flüchtlinge auf. Aber jedes Land – mit zwei Ausnahmen, über die ich weiter unten berichten werde – versuchte doch, die Zahl der jüdischen Einwanderer möglichst zu beschränken.

Die Vereinigten Staaten ließen aus jedem Land nur eine bestimmte Anzahl jährlich einreisen. Für Deutschland betrug die Jahresquote 25 957 Menschen. 1933, im ersten Jahr nach der Machtübernahme Hitlers, gab es in Amerika nur 1445 Einwanderer aus Deutschland. 1937 erhielten nur 11 536 eine Einreisegenehmigung – und das war nach den Nürnberger Gesetzen, nach dem Boykott, in einem Klima der verschärften Judenfeindlichkeit in Deutschland. Menschen, die nach Amerika auswandern wollten, wurden – mit völlig legalen Mitteln – draußen gehalten:

Nach dem amerikanischen Einwanderungsgesetz durften die Behörden jeder Person eine Aufenthaltsgenehmigung verweigern, die in Amerika «wahrscheinlich der öffentlichen Hand zur Last fallen» würde. Gemeint war eine finanzielle Last. Wer in Amerika leben wollte, musste beweisen, dass er oder sie ausreichend Geld hatte, um sich selbst über Wasser zu halten, oder dort Familie und Freunde besaß, die zur Unterstützung bereit waren. Diese Klausel wurde zunächst nicht sehr streng gehandhabt – in der Regel reichte der Besitz von hundert Dollar aus, um die Einreisegenehmigung zu erhalten. Ab

1930 jedoch, als es in den Vereinigten Staaten eine Wirtschaftskrise und eine hohe Arbeitslosigkeit gab, wurde sie dafür umso strenger angewendet. Dadurch wurde die Zahl der jüdischen Einwanderer effektiv begrenzt. Am schwersten traf diese Beschränkung die armen Juden aus Osteuropa. Aber auch die deutschen Juden wurden ja durch die Machenschaften der Nazis nach und nach in die Armut getrieben. Sie wurden aus den meisten gut bezahlten Berufen entfernt, man nahm ihnen ihre Geschäfte und ihren Besitz, sie mussten bei der Ausreise eine «Reichsfluchtsteuer» und andere Abgaben bezahlen und sie durften nur wenig Geld mitnehmen.

Es gibt leider auch handfeste Beweise dafür, dass die für die Genehmigung zuständigen Beamten die Einwanderungsbestimmungen gerade bei Juden erheblich schärfer anwendeten als ursprünglich vorgesehen.

Solche Handlungen spiegelten nur die allgemeine Stimmung in den Vereinigten Staaten wider. Nach einer Umfrage aus dem Jahr 1938 waren fast zwei Drittel aller Amerikaner dafür, die Flüchtlinge draußen zu lassen, und sprachen sich gegen eine Erhöhung der Einwanderungsquote aus. Zwar wurden dafür wirtschaftliche Gründe angegeben: Einwanderer aus Europa würden Amerikanern angeblich den Arbeitsplatz wegnehmen. Doch der wirkliche Grund war wohl eher, dass viele Amerikaner die Juden ablehnten. Denn in den 30er Jahren war der Antisemitismus auch in den USA weit verbreitet. Zum Teil lag das sicher an der Propaganda, die von den Nazis und ihren amerikanischen Sympathisanten verbreitet wurde. Diese Propaganda fiel aber auf fruchtbaren Boden.

Es gab in Amerika damals mehrere antisemitische Zeitungen und Zeitschriften mit einer ziemlich großen Leserschaft. Antisemitische Rundfunksendungen waren sehr beliebt. Eine Umfrage nach der «am meisten abgelehnten» Bevölkerungsgruppe in Amerika ergab, dass die Juden an erster Stelle rangierten. Noch im Juli 1939 waren fast ein Drittel aller Amerikaner der Meinung, die Juden hätten «zu viel Macht», und jeder zehnte Bürger war dafür, sie alle auszuweisen.

Dabei stieg die Zahl der Menschen, die Deutschland und später auch Österreich verlassen wollten, weiter an. Bis 1938 waren es schätzungsweise 660 000 Menschen. Offiziell sprach man nur von einem «Flüchtlingsproblem», aber es war unleugbar vor allem ein Problem der Juden, denn mindestens 300 000 dieser Menschen waren Juden; hinzu kamen «Arier», die mit Juden verheiratet waren. Außerdem flohen Gewerkschaftler, Sozialdemokraten und Kommunisten, Künstler und Schriftsteller – Menschen, die von den Nazis als Feinde verfolgt wurden oder die das Leben und Arbeiten im großen Gefängnis Deutschland nicht mit ihrem Gewissen vereinbaren konnten.

Die Konferenz von Évian

Auf Initiative des amerikanischen Präsidenten Franklin Delano Roosevelt wurde eine internationale Konferenz einberufen, die sich mit dem Flüchtlingsproblem beschäftigen sollte.

Im Juli 1938 trafen sich die Vertreter von 32 Ländern in einem Luxushotel in der französischen Stadt Évian am

Die «Betten» in Auschwitz. In jedem schliefen zwei bis fünf Häftlinge. Als «Matratze» diente dreckiges Stroh.

Ufer des Genfer Sees. Die Vereinigten Staaten versicherten, von nun an würden ihre Einwanderungsquoten voll ausgeschöpft werden. Die Niederlande und Dänemark – kleine Länder, die bereits unverhältnismäßig stark mit Flüchtlingen belastet waren – erklärten ihre Bereitschaft, auch weiterhin Menschen aufzunehmen, die Asyl suchten.

Darüber hinaus aber wurde die bestehende Politik gegenüber den Flüchtlingen fast gar nicht verändert. Im Grunde genommen sprach der Vertreter Australiens für alle, als er meinte: «Da wir eigentlich kein Rassenproblem haben, sind wir nicht darauf erpicht, ein solches Problem zu importieren.»

Als Ergebnis der Konferenz wurde ein so genanntes «Zwischenstaatliches Flüchtlingskomitee» eingerichtet, das zwei Hauptaufgaben hatte: Erstens sollte es Gebiete ausfindig machen, in denen man Flüchtlinge ansiedeln könnte. Da fast alle Länder bereits ihren Unwillen bekundet hatten, sie aufzunehmen, war dieser Versuch von vornherein zum Scheitern verurteilt. Zweitens sollte das Komitee mit Nazideutschland verhandeln. Das Komitee sprach allgemein von Flüchtlingen; die Nazis sprachen von Juden, und das zu Recht. Man kann sich vorstellen, dass Verhandlungen darüber, wie das Schicksal dieser Menschen erleichtert werden könnte, kaum Aussicht auf Erfolg hatten.

Niemand nahm das Komitee besonders ernst. Zur ersten Sitzung nach der Konferenz von Évian schickten nicht einmal alle Regierungen einen Vertreter; und die Regierungsvertreter, die doch erschienen, besaßen keine Vollmachten, irgendetwas zu entscheiden.

Nach der «Reichskristallnacht» am 9. November 1938 erklärte Präsident Roosevelt: «Ich hätte es nicht für möglich gehalten, dass solche Dinge in einer zivilisierten Gesellschaft des zwanzigsten Jahrhunderts passieren könnten.» Aus Protest beriefen die Vereinigten Staaten ihren Botschafter aus Deutschland zurück. So weit, so gut. Aber das war alles. Die amerikanischen Einwanderungsbestimmungen wurden nicht geändert.

1940 und 1941 wurden die amerikanischen Einwanderungsgesetze durch den Erlass strenger Sicherheitsbestimmungen sogar weiter verschärft. Jeder Einwanderer musste für die letzten fünf Jahre ein einwandfreies polizeiliches Führungszeugnis nachweisen. Mit anderen Worten: Juden hätten die von den Nazis kontrollierte

Polizei um einen Nachweis ihrer guten Führung bitten müssen. Wenige taten das. Wenige hätten es überhaupt gekonnt.

Eine weitere Hürde mussten Einwanderer aus Ländern überwinden, «die den Vereinigten Staaten nicht wohlgesinnt» waren – und dazu zählten auch alle Länder, die von den Nazis besetzt worden waren! Hatte ein Flüchtling nahe Verwandte in der Heimat zurückgelassen, wurde das als mögliche Bedrohung der Interessen und Sicherheit der Vereinigten Staaten angesehen. Solche Menschen erhielten nur selten die Einreisegenehmigung. Flüchtlinge aus Ländern, deren Haltung als «unfreundlich» eingestuft wurde, und dazu gehörten Deutschland und seine Verbündeten, mussten noch größere Hürden überwinden.

Der Einwandererstrom nach Amerika wurde schwächer und war bald nur noch ein Rinnsal.

Und was war mit Palästina? Palästina war seit dem Ende des Ersten Weltkriegs unter britischer Kontrolle, und Großbritannien hatte das Land zu einer «nationalen Heimstätte» der Juden erklärt. Bis 1939 hatten sich etwa 400000 Juden dort angesiedelt. Unter den Arabern in Palästina und in den arabischen Nachbarstaaten wuchs aber eine antijüdische Stimmung. Um die Araber zu besänftigen, beschloss Großbritannien 1939, nur noch insgesamt 75000 Juden nach Palästina hereinzulassen, und zwar 10000 jährlich. Eine Veränderung dieser Einwanderungsbeschränkung sollte nur mit Zustimmung der arabischen Staaten erfolgen. So wurde auch diese Tür in dem Augenblick zugeschlagen, als mit dem Ausbruch des Zweiten Weltkriegs die Lage der Juden immer verzweifelter wurde.

Die Konferenz von Évian hatte nichts bewirkt.

Das Riegner-Telegramm

Bis zum Herbst 1941 hatte der Krieg ganz Europa erfasst. Im Oktober wurde den Juden verboten, die von Deutschland besetzten Gebiete zu verlassen. Die Einsatzgruppen durchkämmten bereits Osteuropa, und am 8. Dezember wurde in Chelmno (Kulmhof) die erste Vergasung von Juden vorgenommen. Der systematische Massenmord hatte begonnen.

Die Alliierten wussten, was vor sich ging. Im Verlauf des Jahres 1941, wie schon vorher, waren Berichte über Massenmorde in die USA und nach Großbritannien gelangt. In den Zeitungen waren Artikel erschienen, aber sie waren kurz und wurden unauffällig irgendwo auf den Innenseiten platziert. Die breite Öffentlichkeit kümmerte sich ebenso wenig darum wie die Regierungen.

Im Mai 1942 gelangte ein Bericht vom «Bund», der jüdischen Arbeiterpartei Polens, in den Westen. Darin wurde die Vernichtungsspur der Nazis durch das Land nachgezeichnet, Region für Region, Monat für Monat. Die Einsatzkommandos wurden beschrieben, die mobilen Todeswagen, die Vergasungen in Chelmno. 700 000 seien bereits ermordet worden, hieß es abschließend, und das Ziel der Nazis sei die Vernichtung der europäischen Juden.

In England gelangte der Bericht an die Öffentlichkeit. Es gab eine Welle der Empörung, die auch von den Kirchen unterstützt wurde. Aber die Regierung war hilflos und unternahm nichts. Großbritannien kämpfte mit dem Rücken zur Wand. Frankreich hatte kapituliert, deutsche Truppen stießen auf Moskau vor und trieben die britischen Truppen in Nordafrika immer weiter zurück. Ägypten und Palästina waren gefährdet. An eine Rettung der Juden war nicht zu denken.

In Amerika wurden die Tatsachen nur von einer einzigen Zeitung in New York richtig wiedergegeben und auf der ersten Seite berichtet. Jüdische Organisationen hielten Protestversammlungen ab. Aber die Mehrheit der Bevölkerung war gegen einen Kriegseintritt der USA. Präsident Roosevelt unternahm alles, um die Amerikaner von der Notwendigkeit des Kampfs gegen Hitler zu überzeugen. Aber erst als Amerika im Dezember 1941 angegriffen wurde, wandelte sich die Stimmung im Land. «Nur» zur Rettung der Juden sollte auch später kein amerikanisches Leben riskiert werden.

Im August 1942 erhielten die Außenministerien der USA und Großbritanniens ein Telegramm aus der Schweiz. Es stammte von Gerhart Riegner, der aus Deutschland geflohen war und das Genfer Büro des Jüdischen Weltkongresses leitete. Im Telegramm hieß es:
ERHIELT ALARMIERENDEN BERICHT ÜBER EINEN PLAN, DER IM FÜHRERHAUPTQUARTIER BESPROCHEN UND ERWOGEN WURDE, NACH DEM DREIEINHALB BIS VIER MILLIONEN JUDEN IN DEN VON DEUTSCHLAND BESETZTEN ODER KONTROLLIERTEN GEBIETEN NACH DEPORTATION UND KONZENTRATION IM OSTEN MIT EINEM SCHLAG VERNICHTET WERDEN SOLLEN . . .
– STOP – AKTION IST FÜR HERBST GEPLANT; ART DER AUSFÜHRUNG NOCH NICHT FESTGELEGT – STOP – DIE REDE WAR VON BLAUSÄURE . . .
Erst 1986 erfuhr man, dass diese Information von einem deutschen Nazigegner namens Eduard Schulte stammte. (Mehr darüber im nächsten Kapitel.)

Riegner hatte darum gebeten, dass Kopien seines Telegramms an den Rabbiner Stephen Wise, den prominentesten Führer der amerikanischen Juden, und an den britischen Parlamentsabgeordneten Sidney Silverman geschickt wurden. Silverman erhielt die Informationen, Wise nicht. Das amerikanische Außenministerium hatte die Nachricht zurückgehalten – und nicht nur das: einige Monate später wies das Ministerium das Konsulat in Genf an, in Zukunft keine weiteren Mitteilungen von Riegner weiterzuleiten.

Silverman schickte jedoch eine Abschrift des Telegramms an Wise. Das amerikanische Außenministerium bat den Rabbiner, den Inhalt erst dann bekannt zu geben, wenn die Informationen vom Ministerium bestätigt würden. Sie wurden bestätigt und im November – vier Monate nach Eintreffen des Telegramms! – durfte Wise eine Pressekonferenz abhalten.

Die Meldung wurde im ganzen Land verbreitet, aber wieder einmal nicht an auffälliger Stelle. Wie es schien, konnten die Amerikaner einfach nicht fassen, dass so etwas wahr sein sollte. Oder vielleicht war es ihnen nicht wichtig genug. (Im Juli 1942 waren laut Umfrage 44 Prozent der Bevölkerung immer noch der Meinung, die Juden hätten zu viel Macht.)

In Großbritannien jedoch war die Reaktion der Öffentlichkeit stärker. Vielleicht konnten die Menschen dort auch deshalb dem Bericht eher Glauben schenken, weil sie unter deutschen Bombenangriffen gelitten hatten und die Auswirkungen des Krieges am eigenen Leibe spürten. Aufgrund der Forderungen von Parlamentsabgeordneten, Kirchen und anderen Gruppen wurde auf britische Initiative eine internationale Erklärung verabschie-

det, die den Mord an den Juden im Namen von elf ver-
bündeten Nationen verurteilte. Die Erklärung wurde in
Washington, London und Moskau veröffentlicht.
Es waren jedoch nur Worte. Getan wurde nichts.

Was waren die Gründe?

Es gibt wenigstens fünf halbwegs anständige Gründe dafür, dass die Konferenz von Évian nichts erreichte; dafür,
dass der Bericht des «Bund» und das Telegramm Rieg-
ners folgenlos blieben.
Erstens befand sich die Welt zur Zeit der Konferenz
von Évian 1938 immer noch inmitten einer Wirtschaftskrise. Die Arbeitslosigkeit war sehr hoch, und den Volks-
wirtschaften der meisten Länder ging es nicht besonders
gut. Man kann begreifen, dass der Zustrom Tausender
neuer Einwanderer von den Politikern als ausgesprochen
schlechte Idee empfunden wurde.
Zweitens wurden die im Westen eintreffenden Informationen über den Massenmord an den Juden zunächst
einfach nicht geglaubt. Vergleichbare Gräuel waren in
der modernen Welt bis dahin nicht vorgekommen, und
die meisten Menschen waren schlicht und einfach nicht
in der Lage, so etwas für möglich zu halten. Selbst viele
Juden im Westen bezeichneten solche Gräuelberichte als
unverantwortliche Propaganda!
Drittens gab es für diesen Unglauben eine geschicht-
liche Grundlage. Im Ersten Weltkrieg hatten Geschichten über entsetzliche deutsche Gräueltaten in Belgien
für Schlagzeilen in der ganzen Welt gesorgt. Man warf
den deutschen Soldaten vor, kleine Kinder mit dem Bajo-

nett aufgespießt und hilflose Nonnen erschossen zu haben. Diese Geschichten waren erfunden; sie wurden in Umlauf gebracht, um den Kriegswillen der Bevölkerung anzustacheln, besonders in Großbritannien und den USA. Die neuen, diesmal aber wahren Geschichten erschienen gerade mal zwanzig Jahre nach diesen Gräuelmärchen. Und wer schon einmal hereingelegt worden war, wollte den neuen Gruselgeschichten nicht glauben.

Viertens hatten die Araber in Palästina und den umliegenden Gebieten 1936 gegen die Juden rebelliert. Die Gewalt erreichte 1938 einen Höhepunkt. Großbritannien fürchtete, die Araber könnten im kommenden Krieg die Nazis unterstützen. Das war der Hauptgrund, den die Briten für die Verschärfung der Einwanderungsbestimmungen 1939 angaben.

Fünftens bestand bis etwa 1943 die ernsthafte Gefahr, dass Deutschland den Krieg gewinnen würde. Selbst Roosevelt und Churchill und ihre Berater, die den Berichten über die Massenmorde Glauben schenkten, waren der Meinung, dass nur wenig getan werden könnte, um die Juden zu retten. Alle Energien müssten auf den Sieg gerichtet werden.

Und nach 1943, als klar wurde, dass die Deutschen den Krieg verlieren würden? Was war dann? Offiziell wurde erklärt: «Die positive Lösung dieses Problems liegt darin, die Deutschen so schnell wie möglich zu besiegen.» An dieser positiven Lösung gab es nur eins auszusetzen: Wenn die Nazis sie weiterhin im bisherigen Tempo abschlachteten, würde es nach diesem Sieg keine Juden mehr in Europa geben.

Eine der als Duschräume getarnten Gaskammern

Die Bermuda-Konferenz

In Großbritannien übten die Öffentlichkeit, das Parlament und die Kirchen einen ständigen Druck auf die Regierung aus, etwas zu unternehmen. Um diesem Druck ein wenig auszuweichen, schlug die britische Regierung den Amerikanern vor, eine Konferenz zu organisieren, die das Problem einer Zufluchtsstätte für die Opfer der Nazis behandeln sollte. Zwei Einschränkungen sollten aber gelten. Erstens durfte Palästina als möglicher Zufluchtsort nicht in Frage kommen. Zweitens sollte die Frage nicht als «rein jüdisches Problem» diskutiert werden, weil die Aussicht auf die Einwanderung «einer übermäßigen Zahl ausländischer Juden» in Großbritannien und anderswo den Antisemitismus verstärken könnte.

Die Amerikaner sagten zu. Palästina sollte nicht erwähnt werden. Die Konferenz würde sich nicht speziell mit Juden beschäftigen, sondern ganz allgemein mit Flüchtlingen – obwohl beiden Regierungen bekannt war, dass nur die Juden als Volk ausgerottet wurden.

Die Delegierten trafen sich am 19. April 1943 auf Bermuda – sie konnten natürlich nicht wissen, dass an diesem Tag der Aufstand im Warschauer Ghetto begann. Zur amerikanischen Delegation gehörte ein Beamter des Außenministeriums, der alles getan hatte, um die Nachrichten über die Vernichtung der Juden zu unterdrücken. Ein zweiter Delegierter war der Ansicht, hinter den Forderungen der amerikanischen Juden nach wirksamen Hilfsmaßnahmen stünde in Wirklichkeit Hitler selbst.

Ich könnte mehrere Absätze darauf verwenden, diese Konferenz zu beschreiben. Aber da das Treffen von Anfang an nur zur Beschwichtigung der Öffentlichkeit gedacht war, wäre das wohl Platzverschwendung. Aus dem Konferenzbericht ging so klar hervor, wie wenig getan worden war, dass er so lange wie möglich geheim gehalten wurde. Am Ende war die Konferenz wohl verantwortlich für die Rettung von 630 Flüchtlingen, die in einem Lager in Nordafrika unterkamen.

Aber das war es auch schon. Mehr geschah nicht.

Die Angebote Rumäniens und Bulgariens

Rumänien und Bulgarien waren Verbündete Deutschlands. Im Unterschied zu den von Deutschland besiegten Ländern genossen sie daher eine gewisse Selbständigkeit. In beiden Ländern wurden die Bürgerrechte der Juden zwar eingeschränkt, und beide Länder beteiligten sich sogar bis zu einem gewissen Grad an der «Endlösung». Das Kriegsglück hatte sich aber gegen Deutschland gewendet, und nun versuchten beide Länder, sich noch vor Kriegsende ein wenig bei den Alliierten einzuschmeicheln.

Am 13. Februar 1943 bot Rumänien den Alliierten seine Mitarbeit bei der Evakuierung von 70 000 Juden an. Den Bestimmungsort könnten die Alliierten wählen, aber Palästina hielten die Rumänen für das geeignetste Land. Pro Kopf wollten sie 130 Dollar – mehr, wenn der Transport mit rumänischen Schiffen erfolgen sollte. Etwa zur gleichen Zeit beschloss Bulgarien, dass es nichts mehr mit der Endlösung zu tun haben wollte. Die Regierung hatte zwar damit begonnen, das Vernichtungsprogramm auszuführen, aber das war weder bei den Kirchen noch bei der Bevölkerung gut angekommen. Die Bulgaren boten an, 30 000 Juden ausreisen zu lassen.

Die Reaktion des amerikanischen Außenministeriums auf das rumänische Angebot lautete, es «entbehre jeder Grundlage» und sei wahrscheinlich von der deutschen Propagandamaschine ausgeheckt worden, um «Verwirrung und Zweifel innerhalb der Verbündeten» hervorzurufen. Die Reaktion auf das Angebot der Bulgaren fiel kaum anders aus. Großbritannien wurde sogar noch deutlicher. Der britische Außenminister soll dazu gesagt haben: «Wenn wir das tun, werden die Juden der ganzen Welt von uns verlangen, ähnliche Angebote in Bezug auf Polen und Deutschland abzugeben. Hitler könnte uns dann beim Wort nehmen, und es gibt einfach auf der ganzen Welt nicht genug Schiffe und Transportmittel, um damit fertig zu werden.»

Im Grunde genommen ging es immer wieder um das gleiche Argument – es gab für diese Menschen keine Hilfsmittel und keinen Platz. Die Briten merkten an, dass sie sich bereits «Sorgen machten wegen der Unterbringung einer größeren Anzahl Juden, sollten sie aus dem feindlich besetzten Gebiet gerettet werden». Dieses neue Rettungsangebot wollten sie auch deshalb nicht weiterverfolgen, weil es «zu dem Angebot führen könnte, eine noch größere Anzahl auf uns abzuladen».

Ein Sprecher des Referats für europäische Angelegenheiten im amerikanischen Außenministerium schrieb, die Annahme des Angebots würde «wahrscheinlich dazu führen, dass man erneut Druck auf uns ausübt, hier in der westlichen Hemisphäre ein Asyl einzurichten». Und er fügte hinzu: «Soweit ich weiß, sind wir noch nicht in der Lage, das ganze jüdische Problem in Angriff zu nehmen.» Ein weiterer Beamter des Außenministeriums kommentierte, die Rettungsvorschläge würden nur

«Hitler von der Last und dem Fluch seiner Taten befreien».

Unternommen wurde nichts.

Bomben auf Auschwitz?

Am 10. April 1944 konnten zwei junge slowakische Juden aus dem Lager Auschwitz fliehen. In der Slowakei schlossen sie sich dem jüdischen Untergrund an und diktierten einen dreißig Seiten langen Bericht. Kein Detail wurde ausgelassen. Aus dem Bericht ging klar hervor, wozu Auschwitz diente und wie es funktionierte. Sie beschrieben die Gaskammern, die «2000 Menschen aufnehmen» konnten, die «SS-Männer mit Gasmasken», die das Gift einwarfen, die Entfernung und Verbrennung der Leichen.

Bis Mitte Juni waren diese Informationen in die Schweiz und von dort an die Alliierten gelangt. In Großbritannien und Amerika hatte man davor schon von der Existenz des Lagers gewusst, aber sein Zweck war nicht klar gewesen. Jetzt wusste man, dass es sich um ein Tötungszentrum für Juden handelte. Erste Berichte erschienen in den Zeitungen, und bereits Ende Juni war die Wahrheit über Auschwitz überall bekannt.

Ungefähr zur gleichen Zeit begann die massenhafte Deportation der ungarischen Juden nach Auschwitz. Tschechische und jüdische Widerstandsgruppen baten die Alliierten, wenigstens die Eisenbahnschienen zu bombardieren, die von Ungarn nach Auschwitz führten. Es war klar, dass man damit das Töten nicht verhindern konnte. Aber vielleicht konnte man es durch solche Angriffe verlangsamen und schon dadurch Tausende retten.

Deutschland war dabei, den Krieg zu verlieren. Darüber gab es keine Zweifel. Schwere alliierte Bombenangriffe hatten bereits mehrere deutsche Städte in Schutt und Asche gelegt. Auch auf Auschwitz waren Bomben gefallen. Die Fabriken, in denen die I.G. Farben mit Sklavenarbeitern künstlichen Gummi und Treibstoff herstellte, waren bereits Ziel eines Bombenangriffs gewesen. Sie waren nur wenige Kilometer von Birkenau entfernt. Und sogar die Lager Auschwitz I und Birkenau waren bombardiert worden – *aus Versehen*. Diese wenigen Bomben hatten der SS größere Schäden an Gebäuden und Mannschaften zugefügt als die gezielten Angriffe auf die Fabriken, die nur leicht beschädigt wurden.

Man sollte es sich noch einmal vor Augen halten: Nur wenige Kilometer von den Gaskammern entfernt waren Fabriken bombardiert worden. Beim gleichen Luftangriff waren versehentlich auch Bomben auf Birkenau und Auschwitz gefallen.

Andere Flugzeuge waren übrigens mindestens zweimal über das Lager geflogen und hatten Luftaufnahmen gemacht. Die Alliierten wussten, wie Birkenau aussah.

Dennoch konnten sich die britische und die amerikanische Führung nicht zu einem Angriff auf die Lager oder die Eisenbahnschienen entschließen. Der Einsatz der *Royal Air Force* würde zu einem «Verlust wertvoller Leben» führen, hieß es in Großbritannien. Waren denn jüdische Leben nicht wertvoll? In Amerika liefen die Bitten über den Tisch des stellvertretenden Kriegsministers John J. McCloy. Die vorgeschlagenen Lufteinsätze seien «undurchführbar», meinte er, da sie «nur um den Preis eines Abzugs beträchtlicher Luftwaffenkapazitäten aus-

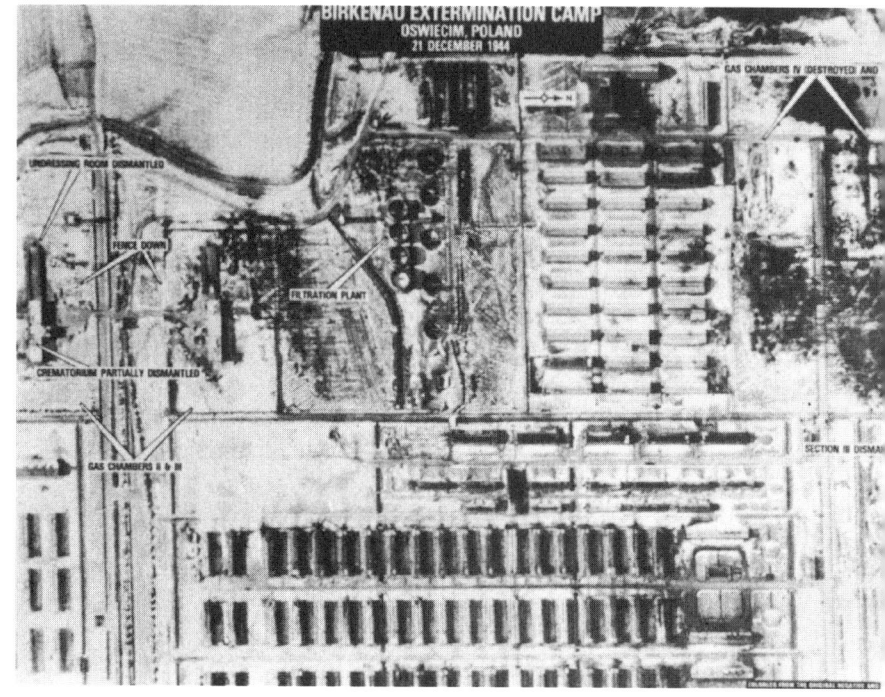

Eine alliierte Luftaufnahme von Auschwitz und Birkenau vom Dezember 1944. Oswiecim ist der polnische Name von Auschwitz.

zuführen wären, die unsere jetzt in entscheidende Operationen verwickelten Streitkräfte für einen erfolgreichen Kampf unbedingt benötigen». Aber ein solcher «Abzug» beziehungsweise eine solche Umleitung der «Kapazitäten» hatte bereits stattgefunden; entsprechende «Lufteinsätze» hatten nur wenige Kilometer vom Lager entfernte Ziele und – aus Versehen – das Vernichtungslager selbst getroffen!

«Die Wirksamkeit [solcher Bombenangriffe] wäre in jedem Fall so zweifelhaft, dass wir darin kein praktikables Projekt sehen können», meinte McCloy weiter. Wäre die Vernichtungsmaschinerie ins Stocken geraten, hätte das Leben einiger tausend Juden dadurch gerettet werden können – wie kann man angesichts dessen von einer «zweifelhaften Wirksamkeit» sprechen? McCloy sagte noch mehr. «Es gibt ernst zu nehmende Meinungen, die besagen, dass eine solche Operation, selbst wenn sie durchführbar wäre, womöglich noch schlimmere Vergeltungsaktionen der Deutschen provozieren könnte.» Noch schlimmer – noch schrecklicher, noch blutiger, noch grausamer – als Auschwitz?

Es geschah nichts.

Zu wenig zu spät, aber besser als gar nichts: Das Kriegsflüchtlingskomitee

Am 22. Januar 1944 rief Präsident Franklin Delano Roosevelt das «Kriegsflüchtlingskomitee» ins Leben. In einem persönlichen Brief hatte Roosevelts Finanzminister dem schockierten Präsidenten genau nachgewiesen, wie das Außenministerium Rettungsversuche behindert und Informationen über die Endlösung verschwiegen oder erst verspätet weitergeleitet hatte. Das Kriegsflüchtlingskomitee sollte der «Rettung, der Evakuierung, der Unterstützung und der Hilfe aller Opfer aller Verfolgungsmaßnahmen» dienen. In der Präsidentenorder Nr. 9417 zur Einrichtung des Komitees wurde auch unterstrichen, dass es versuchen sollte, «die Nazipläne zur Vernichtung aller Juden» aufzuhalten.

In der Türkei traf ein Vertreter des Komitees mit einem rumänischen Minister zusammen und machte ihm klar, dass die Rumänen für das Schicksal der 48 000 in rumänischen Lagern verbleibenden Juden verantwortlich gemacht würden. Nachdem der Minister die Zusage eines amerikanischen Einreisevisums für sich und seine Familie erhalten hatte, konnten die Lager evakuiert werden. Gegenüber Bulgarien wurde eine ähnliche Taktik angewandt, um die Rücknahme der bestehenden antijüdischen Gesetze zu erreichen. Nicht zuletzt wegen des erheblichen Widerstands gegen die Gesetze seitens der Öffentlichkeit und der Kirche wurden sie schließlich aufgehoben.

In Ungarn trug das Kriegsflüchtlingskomitee zur Finanzierung der Arbeit von Raoul Wallenberg bei. Dieser schwedische Diplomat rettete über 70 000 Juden das Leben. (Mehr darüber im nächsten Kapitel)

Gegen den Willen der Außenminister in Washington und London ging Präsident Roosevelt auf Druck des Kriegsflüchtlingskomitees bei einer Pressekonferenz ausnahmsweise auf die Juden als besondere Opfer der Nazis ein. Seine Worte wurden in ganz Europa verbreitet – als Flugblatt von Flugzeugen abgeworfen, in allen europäischen Sprachen im Rundfunk verlesen, von Untergrundzeitungen nachgedruckt:

«Es handelt sich um eins der schwärzesten Verbrechen der Menschheitsgeschichte. Begonnen wurde es von den Nazis in Friedenszeiten, seit Kriegsbeginn ist es hundertfach verschlimmert worden – Stunde um Stunde geht es ohne Unterlass weiter: der systematische Mord an den europäischen Juden in ihrer Gesamtheit. Keiner, der an diesen grausamen Taten beteiligt war, wird ohne Strafe davonkommen … Alle, die sich am Verbrechen beteiligt haben, werden an der Strafe ihren Anteil haben.»

Die Erklärung trug vielleicht dazu bei, Rumänien und Bulgarien den entscheidenden Anstoß zu geben. Zweifellos hob sie die Moral der unterjochten Völker. Manchen jüdischen Häftlingen gab sie vielleicht die zusätzliche Kraft, die sie brauchten, um bis zur Befreiung am Leben zu bleiben.

Es ist fast schmerzlich, daran denken zu müssen, was das Flüchtlingskomitee hätte erreichen können, wenn es genügend Geld erhalten hätte – was nicht der Fall war; wenn es vom amerikanischen Außenministerium unterstützt worden wäre – was nicht der Fall war; wenn es nicht auf Ablehnung und Widerstand seitens der britischen Regierung gestoßen wäre – was der Fall war; und wenn es seine Arbeit rechtzeitig hätte aufnehmen können, solange die Endlösung noch nicht im vollen Gange war.

Eine mögliche Schlussfolgerung

Viel musste ich in diesem Kapitel weglassen, darunter die Versuche von Menschen innerhalb und außerhalb der Regierungen, bestimmte Denkweisen zu verändern und etwas zur Rettung der todgeweihten Juden zu unternehmen. Aber an dem Resultat änderten alle diese Bemühungen nichts – es geschah zu wenig zu spät. Darum habe ich nur die wichtigsten Ereignisse und die wichtigsten Stellungnahmen der Regierungen festgehalten. Diese waren aber, wie die offiziellen Dokumente zeigen, typische Reaktionen, typische Haltungen.

Vielleicht konnte man anfangs die schrecklichen Ausmaße des Massakers nicht begreifen. Dann zeigte sich, dass niemand wusste, was mit den Juden anzufangen wäre, wohin man sie bringen sollte. Sicherlich trug aber auch ein gewisses Maß an unausgesprochenem An-

Die Befreiung durch die Alliierten kam für viele zu spät.

tisemitismus dazu bei, dass so wenig so spät unternommen wurde. Das Bild wird im Lichte einer Frage nämlich sofort klarer: Hätte es sich um eine Million, zwei Millionen, sechs Millionen Protestanten oder Katholiken gehandelt – was hätte man da wohl getan?

Helfer und Retter

*Ich meine, man hat eine Verantwortung sich selbst
gegenüber, anständig zu handeln.*

Marion Pritchard, die half, 150 holländische Juden zu retten

Und doch gab es Menschen, die geholfen haben.
Manchmal bestand diese Hilfe darin, dass ein wenig
Essen am Straßenrand liegen gelassen wurde, wenn man
wusste, dass ein Todesmarsch mit Juden vorbeikommen
würde. Manchmal bestand sie in einem sicheren Versteck – in einer Scheune oder einem Schweinestall, unter
den Dielenbrettern. Katholische Familien nahmen jüdische Kinder auf und brachten ihnen bei, wie sie sich als
Katholiken verhalten mussten, damit sie nicht auffielen.
In einigen Klöstern konnten ganze jüdische Familien
einen Unterschlupf finden. Beamte stellten widerrechtlich Pässe oder Visa oder sogar falsche Papiere für jüdische Flüchtlinge aus. Regierungen widersetzten sich den
Forderungen der Nazis oder fanden Mittel und Wege, sie
abzumildern.

Die Zahl der Retter und Helfer ist nicht groß. Der
Mut, den eine solche Tat erforderte, ist unermesslich.
Die Helfer und ihre Familien riskierten im besten Fall
das Konzentrationslager, im schlimmsten Fall den Tod.
Beamte riskierten ihre Karriere, ihren Arbeitsplatz. Regierungen mussten der Gefahr einer völligen Machtübernahme durch die Nazis ins Auge sehen.

In vielen, ja in den meisten Fällen sind uns nicht einmal die Namen der Retter und Helfer bekannt. Die Tausende, die im «arischen» Teil Warschaus, in Amsterdam, ja auch in Berlin Juden versteckten, die Landarbeiter und Bauern, die Flüchtlinge aus den Erschießungsgruben oder Lagern aufnahmen, pflegten oder ernährten – sie werden vermutlich immer namenlos bleiben. Ihre einzige Belohnung besteht in der dankbaren Erinnerung derjenigen Menschen, denen sie zum Leben verhalfen in einer Zeit, als scheinbar die ganze Welt ihren Tod wollte.

Hier sind einige Beispiele von einzelnen Menschen, Gruppen, aber auch ganzen Ortschaften und Regierungen, die den Mut und die Zivilcourage besaßen, sich um die Verfolgten zu kümmern und etwas gegen den Terror zu unternehmen.

Sie fühlten sich verantwortlich und haben geholfen

Elisabeth Abegg. Seit 1942 half Frau Abegg verfolgten Juden, organisierte sichere Verstecke, versorgte die Untergetauchten mit Kleidung, Essen und Lebensmittelkarten, verschaffte ihnen gefälschte Taufscheine und gab ihnen Geld, das sie oft durch den Verkauf ihrer persönlichen Habe auftrieb. Ihre Dreizimmerwohnung in Berlin – Berliner Straße 24 a, jetzt Tempelhofer Damm 56 – war ein Ort der Hilfe und Zuflucht für Juden direkt vor der Nase der Gestapo. Den Nachbarn und Behörden gegenüber gab sie die jüdischen Flüchtlinge, die sie bei sich aufnahm, als ausgebombte Verwandte aus. Als ehemalige Lehrerin organisierte Elisabeth Abegg unter ihren einstigen Schülerinnen und Kolleginnen ein Hilfsnetzwerk, das mindestens 80 Juden vor der Deportation gerettet haben soll, unter ihnen 24 Kinder. 1957 erhielt sie das Bundesverdienstkreuz.

Petras Baublis. Als Leiter eines Kinderheims in Kowno, Litauen, bot Baublis an, Kinder aus dem Ghetto zu schmuggeln und in seinem Heim zu verstecken. Von befreundeten Priestern erhielt er unterschriebene Blanko-Geburtsurkunden. Die versteckten Kinder erhielten neue Urkunden, die sie als Christen auswiesen. So soll Baublis mindestens neun jüdische Kinder gerettet haben.

Bulgarien. Bulgarien war mit Deutschland verbündet. Die bulgarischen Juden waren vor dem Krieg relativ gut integriert gewesen, und im Krieg war die antijüdische Gesetzgebung nicht so scharf wie in anderen von den Nazis kontrollierten Ländern. Schließlich aber stimmte Bulgariens Innenminister, ein überzeugter Nazi, der Deportation der Juden in die Vernichtungslager zu und ließ entsprechende Pläne ausarbeiten. In den von Bulgarien neu besetzten Territorien Thrazien und Mazedonien wurden die Juden vernichtet. Die Juden aus «Alt-Bulgarien» wurden jedoch nicht deportiert. Die Regierung weigerte sich, entsprechenden deutschen Forderungen nachzukommen, und auch der König, die Kirche und das Volk protestierten. Nachdem die Deutschen starken Druck ausgeübt hatten, wurden die Juden zwar gezwungen, sich in ländlichen Kleinstädten aufzuhalten, aber nach einiger Zeit wurde diese Beschränkung und auch die gesamte antijüdische Gesetzgebung wieder aufgehoben. Die fünfzigtausend bulgarischen Juden überlebten den Krieg.

Le Chambon-sur-Lignon. In diesem kleinen Bergdorf im französischen Zentralmassiv boten der Pfarrer André Trocmé und seine Frau Magda jüdischen Flüchtlingen

Unterschlupf. Die Dorfbewohner folgten ohne Zögern ihrem Beispiel und nahmen Juden in ihren Häusern auf, Erwachsene wie Kinder. Wenn das Risiko einer Entdeckung akut wurde, brachten die Bauern die Flüchtlinge aufs Land, teilten mit ihnen die notdürftige Unterkunft und die unzureichenden Rationen und blieben dort, bis eine sichere Rückkehr möglich war. Als man ihn aufforderte, eine Liste der Juden im Dorf aufzustellen, weigerte sich Pfarrer Trocmé und wurde festgenommen. Nach seiner Freilassung hat er, wie die gesamte Bevölkerung von Le Chambon, bis zum Ende des Krieges weiter Juden geholfen.

Marion Pritchard

Dänemark. Dänemark wurde 1940 von Deutschland überfallen, durfte aber zunächst eine eigene Regierung behalten. Erst im Herbst 1942 wurde eine antijüdische Gesetzgebung eingeführt, als Hitler einen SS-Offizier nach Dänemark schickte, um der nationalsozialistischen Politik Geltung zu verschaffen. Die zunehmende Unterdrückung rief Widerstandsaktionen hervor; diese hatten zur Folge, dass das Land unter Kriegsrecht gestellt wurde. Geschlossen lehnte die dänische Bevölkerung die antijüdische Gesetzgebung ab. Es entstand sogar das Gerücht, auch der dänische König und die königliche Familie hätten aus Solidarität mit ihren jüdischen Bürgern den gelben Stern getragen. Und als die geplante Deportation der Juden bekannt wurde, beteiligte sich fast die gesamte Bevölkerung dieses kleinen Landes – durch Lebensmittel- und Geldspenden, mit kleinen und großen Booten – an einer Rettungsaktion, mit der die Juden über das Meer nach Schweden in Sicherheit gebracht wurden. Vierhundert Juden wurden doch noch von den Deutschen aufgespürt und in ein Konzentrationslager gebracht, aber die dänische Regierung übte großen Druck auf die Deutschen aus, um ihre Ermordung zu verhindern. Bis auf einundfünfzig Menschen, die im Lager eines «natürlichen» Todes starben, kamen alle achttausend Juden Dänemarks sicher durch die Kriegsjahre.

Georg Ferdinand Duckwitz. Duckwitz war Marineattaché an der deutschen Gesandtschaft in Kopenhagen. In dieser Position gab er Geheiminformationen an den dänischen Widerstand weiter. Als im Oktober 1943 Schiffe nach Kopenhagen geschickt wurden, um die Juden zu deportieren, alarmierte Duckwitz den dänischen Widerstand und die schwedische Regierung. Auf diese Weise gewannen sie Zeit, die Rettungsaktion in Gang zu setzen, mit der fast alle Juden Dänemarks in Sicherheit gebracht wurden.

Finnland. Finnland schloss sich zwar dem deutschen Angriff auf die Sowjetunion an und diente den Deutschen auch als Militärstützpunkt, wurde aber nie besetzt. Als Himmler den finnischen Außenminister aufforderte, der Deportation der Juden zuzustimmen, lehnte der es ab, diese Frage auch nur in Betracht zu ziehen. Die zweitausend Juden Finnlands überlebten den Krieg.

Hermann Gräbe. Gräbe war während des Krieges als leitender Ingenieur bei einer Baufirma beschäftigt, die für die deutsche Wehrmacht arbeitete. 1931 war er der NSDAP beigetreten, hatte jedoch später sein Parteibuch zurückgegeben. Als er zu Bauarbeiten in die Ukraine abkommandiert wurde, stellte er Hunderte von Juden ein, beschützte sie, besorgte ihnen Nahrungsmittel und Medikamente, Reisepapiere und gefälschte Ausweise. Nach dem Krieg war Gräbe ein entscheidender Zeuge der Anklage beim Nürnberger Prozess, wo er die Mordtaten der Einsatzkommandos schilderte. Von vielen Deutschen wurde er deshalb abgelehnt und gemieden, verließ Deutschland und ließ sich in den Vereinigten Staaten nieder.

Paul Grueninger. Grueninger war der Polizeichef der Schweizer Stadt Sankt Gallen. Als die Regierung der Schweiz ihre Grenze zu Österreich für alle Flüchtlinge sperrte, fand Grueninger sichere Übergangsstellen, die Tausende Flüchtlinge zur illegalen Einreise benutzten. Bald wurde er wegen Verweigerung des Gehorsams vor Gericht gestellt, verurteilt und aus dem Dienst entlassen. Nur unter großen Schwierigkeiten konnte er sich überhaupt seinen Lebensunterhalt verdienen. Erst 1993 wurde er durch den Schweizer Kanton St. Gallen rehabilitiert.

Dr. Adélaïde Hautval. Dr. Hautval war eine französische Ärztin, die gegen die schlechte Behandlung der Juden protestierte und schließlich nach Auschwitz geschickt wurde. Im berüchtigten Block 10, wo medizinische Versuche durchgeführt wurden, war sie als Häftling zugleich die Ärztin der Frauenabteilung. Als mehrere Frauen an

Typhus erkrankten, was ihre automatische Selektion und Vergasung bedeutete, wurde die Epidemie von Dr. Hautval nicht gemeldet; sie versteckte die Frauen, die ihre Erkrankung nicht verbergen konnten, und rettete ihnen dadurch das Leben. Sie weigerte sich, an den Experimenten teilzunehmen, und als sie von einem der leitenden SS-Ärzte gefragt wurde, ob sie denn nicht sehe, dass es einen Unterschied zwischen ihr und den jüdischen Gefangenen gebe, antwortete sie: «Es gibt sehr viele Menschen, die anders sind als ich – an erster Stelle muss ich Sie nennen.» Die tapfere und äußerst mitfühlende Frau wurde von ihren Mithäftlingen als «Engel in Weiß» und «Heilige» bezeichnet. «Niemand von uns wird hier lebendig herauskommen», sagte sie, «aber solange wir hier sind, müssen wir uns wie Menschen benehmen.» Nach dem Krieg kehrte sie in ihre französische Heimat zurück.

Italien. Die italienischen Juden fühlten sich als gleichberechtigte Bürger, denn sie hatten seit mehr als zweitausend Jahren in Italien gelebt. Doch Italien hatte eine faschistische Regierung und war Deutschlands Hauptverbündeter in Europa. Auf Druck der Nazis wurden 1938 antijüdische Gesetze verabschiedet, die zur Auswanderung von fast einem Drittel der italienischen Juden führten. Auf die Forderung der Nazis nach Deportation der Juden ging die italienische Regierung aber zunächst nicht ein. Diese Situation änderte sich erst, als die Alliierten 1943 im Süden Italiens landeten und Deutschland die noch nicht befreiten Teile Italiens besetzte. Hier halfen die italienische Armee und die Polizei bei der Jagd auf die Juden, und etwa 7500 italienische Juden kamen in den

Lagern um. Viele Beamte versuchten aber auch, das Los der festgenommenen Juden zu erleichtern, oder halfen ihnen sogar, aus dem Land zu fliehen oder sich zu verstecken. Gefährdete Juden wurden oft in Klöstern und Kirchen versteckt; in einem Fall stellten Nonnen, die über eine eigene Druckerpresse verfügten, einige tausend gefälschte Papiere her. 40 000 italienische Juden überlebten den Krieg.

Josef und Stephania Macugowski. Die Macugowskis lebten in der kleinen polnischen Stadt Nowy Korczyn. In einem stickigen engen Verschlag unter den Dielen ihrer Küche versteckten sie zweieinhalb Jahre lang die Mitglieder der Familie Radza – die sechsjährige Miriam, die neunjährige Zahave, die zehnjährige Sarah sowie ihre Eltern –, zusammen mit vier weiteren Juden. Als ihr Haus beschlagnahmt wurde, konnten die Macugowskis die Deutschen überreden, sie weiterhin als Hauswartsfamilie zu beschäftigen, und retteten so die Juden vor der Entdeckung. Als sie sich über vierzig Jahre später in New York trafen, sagte eine der Radza-Töchter: «Ihr seid unsere Pflegeeltern.» Josef Macugowski erwiderte: «Ihr seid unsere Töchter.»

Aristides de Sousa Mendes. Im Jahre 1940 war Mendes portugiesischer Konsul in der französischen Stadt Bordeaux. Seine Regierung lehnte es ab, den Tausenden von Flüchtlingen, die vor den anrückenden Deutschen flohen, die Einreise zu gestatten. Mendes verwandelte seine Residenz in eine Flüchtlingsunterkunft, stellte allen, die ihn darum baten, Einreisepapiere nach Portugal aus und ermöglichte ihnen dadurch den Weg in die Freiheit. Wegen seines Ungehorsams wurde er abberufen. Bei der Rückreise in die Heimat fand Mendes im grenznahen Ort Bayonne eine ähnliche Situation vor wie in Bordeaux und stellte wieder auf eigene Faust Einreisepapiere aus. Auf dem Weg nach Portugal mussten die Flüchtlinge spanisches Gebiet überqueren. Am Grenzübergang bei Hendaye bestand die Gefahr, dass die spanische Regierung die Grenze schließen würde. Mendes brachte eine Gruppe zu einer Grenzstation, die so klein und abgelegen war, dass sie die Befehle zur Grenzschließung noch nicht empfangen hatte, wies sich als Konsul Portugals aus und erreichte so, dass die Flüchtlinge die Grenze passieren konnten. Mendes verlor sein Amt und sein Ansehen, musste seine Familienerbstücke eins nach dem anderen verkaufen, um sich über Wasser zu halten, und starb 1954 völlig verarmt. Erst 1988 wurde er von seinem Land rehabilitiert. «Ich kann nicht anders, ich muss als Christ handeln», hatte er einmal gesagt.

Norwegen und Schweden. Norwegen wurde 1940 von Hitler überfallen und besetzt. Norwegens Nachbar Schweden verhielt sich neutral, kämpfte weder auf der einen noch der anderen Seite und blieb unbesetzt. Nach der ersten Deportation norwegischer Juden erklärte der schwedische Botschafter in Berlin, sein Land sei bereit, die in Norwegen verbleibenden Juden aufzunehmen. Dieses Angebot wurde zurückgewiesen. Daraufhin griff die schwedische Regierung zu einem Trick: Früher waren Norwegen und Schweden ein Land gewesen, mit einer gemeinsamen Staatsbürgerschaft. Also bot die schwedische Regierung allen norwegischen Juden erneut die schwedische Staatsbürgerschaft an – als Schweden wären sie vor Verfolgung sicher. Auch den bereits festgenommenen Juden wurde die schwedische Staatsbürgerschaft angeboten. Mit Hilfe des norwegischen Widerstands gelangte mehr als die Hälfte der norwegischen Juden nach Schweden und damit in Sicherheit. Schweden unterstützte auch Raoul Wallenbergs Rettungsaktivitäten in Ungarn und bot den dänischen Juden eine sichere Zufluchtsstätte.

Marion Pritchard. Als die Deutschen Holland besetzten, studierte Marion Pritchard in Amsterdam. In den ersten zwei Jahren, als immer neue Maßnahmen gegen die Juden in Kraft traten, trieb sie zusätzliche oder gefälschte Lebensmittelkarten für mittellose Juden auf und half auch hin und wieder, Juden zu verstecken. Als die Deportationen einsetzten und Pritchard die Absichten der Nazis erahnte, organisierte sie Verstecke, wo immer sie einen hilfsbereiten Menschen oder einen brauchbaren Platz auftreiben konnte. Dreimal meldete sie neugeborene jüdische Kinder als ihre eigenen an, damit sie in den Unterlagen als Nichtjuden geführt würden. Von der Gestapo wurde sie verhaftet, sechs Monate lang festgehalten und gefoltert, verriet aber keine Geheimnisse. In den beiden letzten Jahren des Krieges lebte sie außerhalb Amsterdams und kümmerte sich um einen jüdischen Mann und seine drei Kinder. Pritchard trug dazu bei, 150 Juden das Leben zu retten. Heute arbeitet sie als Psychoanalytikerin im amerikanischen Bundesstaat Vermont.

Angelo Roncalli. Bischof Roncalli war Vertreter des Vatikans in der Türkei. Als die Deportationen von ungarischen Juden im Jahre 1944 ihren Höhepunkt erreichten,

Bischof Roncalli, der spätere Papst Johannes XXIII., rettete 1944 Tausenden ungarischen Juden das Leben.

schickte Roncalli einige tausend Taufurkunden nach Budapest. Juden, die zum Katholizismus konvertierten, wurden nämlich in Ungarn – im Gegensatz zu Deutschland und dem besetzten Europa – nicht als Juden behandelt. Als Beweis des Übertritts konnte jede solche Taufurkunde also ein Leben retten. Daraufhin wurden in Budapester Luftschutzbunkern Tausende – von den frömmsten Juden bis hin zu ganz ungläubigen Menschen – in Massenzeremonien «getauft» und dadurch vor dem Abtransport in die Vernichtungslager bewahrt. Roncallis Haltung unterschied sich von der seines Papstes Pius XII., der sich nicht direkt an Hilfsaktionen beteiligte. Roncalli wurde später zum Papst gewählt; als Oberhaupt der katholischen Kirche nannte er sich Johannes XXIII.

Oskar Schindler. Der deutsche Geschäftsmann Oskar Schindler übernahm eine Fabrik für Emaillewaren in Polen und verdiente ein Vermögen mit Aufträgen für die deutschen Streitkräfte. Mit seinem Charme und mit Bestechungen gelang es ihm, etwa 500 Arbeiter aus dem Krakauer Ghetto vor der Deportation zu retten. Er baute ihnen sogar Unterkünfte auf dem Fabrikgelände und verschaffte ihnen zusätzliche Lebensmittel und Medikamente, die er aus seiner eigenen Tasche bezahlte. 1944 ging Schindler in seine Heimat zurück, wo er neben Töpfen und Pfannen auch Munition herstellte, und nahm seine Arbeiter mit. Schindler beantragte von der SS weitere 700 Arbeiter, die er auch erhielt; im Durcheinander wurden jedoch die Ehefrauen, Töchter und Mütter «seiner» Arbeiter aus Versehen von Krakau nach Auschwitz transportiert. Schindler konnte die 300 Frauen aus dem Lager herausholen – der einzige bekannt gewordene Fall, in dem so etwas gelungen ist – und die Familien wieder zusammenbringen. Etwa 1500 jüdische Menschen verdanken ihm das Leben.

Eduard Schulte. Schulte war Betriebsleiter einer großen deutschen Bergwerksgesellschaft mit 30 000 Arbeitern und hatte Kontakte zu vielen hochrangigen Nazis. Als er in der Schweizer Stadt Zürich auf Geschäftsreise war, leitete er Informationen über deutsche Kriegspläne an die Alliierten weiter. Von ihm stammten die Informationen des Riegner-Telegramms, mit dem die Alliierten auf die geplante Vernichtung der Juden aufmerksam gemacht wurden – eine Tatsache, die erst vor wenigen Jahren bekannt wurde. Von einer Sekretärin wurde Schulte an die SS verraten, konnte aber rechtzeitig in die Schweiz fliehen, wo er bis zu seinem Lebensende blieb. Nach dem Krieg wurde seiner Familie eine Entschädigung für den Verlust ihres Betriebs von den Behörden der Deutschen Bundesrepublik verweigert. Indem er Nachrichten an die Alliierten weiterleitete, hieß es zur Begründung, habe Schulte ein Verbrechen begangen, das «nach den Gesetzen eines jeden Landes strafbar» wäre.

Raoul Wallenberg. Der schwedische Geschäftsmann Wallenberg traf im Juli 1944 in Budapest ein, um an der dortigen schwedischen Gesandtschaft eine Rettungsaktion zu organisieren. Er druckte auf eigene Faust Tausende von ihm selbst entworfene schwedische Schutzpässe und verteilte sie an gefährdete Juden. Für die Unterbringung dieser Schutzpassinhaber standen Wallenberg 31 Häuser im «internationalen Ghetto» zur Verfügung. Hier lebten unter dem Schutz Schwedens, Spaniens, der Schweiz und anderer Länder bis zu 33 000 Juden. Mit Hilfe eines offiziell aussehenden, aber völlig bedeutungslosen Schriftstücks gelang es Wallenberg zuweilen, Beamte zu bluffen und Juden aus den Kolonnen der Todesmärsche zu holen. Juden, die er nicht vor dem Abtransport retten konnte, versorgte der unermüdliche Diplomat mit Decken und Lebensmitteln. Mindestens 70 000 Juden wurden von ihm gerettet. Wallenberg wurde von den Russen nach Moskau verschleppt und am 6. Februar 1945 inhaftiert. Die sowjetische bzw. russische Behauptung, er sei im Juli 1947 in einem Moskauer Gefängnis gestorben, ist nicht bewiesen.

Im Auge des Hurrikans

Eine so vollkommene Diktatur wie die Hitlers hatte es nur selten in der Weltgeschichte gegeben. Schon ein Witz über Hitler oder ein pessimistischer Kommentar über den Kriegsverlauf konnte dazu führen, dass man zusammengeschlagen oder ins Gefängnis geworfen wurde – wenn nicht noch Schlimmeres passierte. Wenn es überhaupt zu einem Gerichtsverfahren gegen Gegner der Nazis kam, so gab es für die Angeklagten keine Gerechtigkeit. Besonders berüchtigt war der «Volksgerichtshof», wo Staatsanwälte und Richter hasserfüllte und sarkastische Reden hielten und die Zuschauer aus fanatischen Nazianhängern bestanden. Anwälte konnten die Angeklagten nicht wirklich verteidigen; sie brachten sich selbst in Gefahr, wenn sie allzu deutlich die Stimme für Menschen erhoben, die wegen Verbrechen «gegen Volk und Staat» schon vorverurteilt waren.

Stell dir also vor, was es unter solchen Bedingungen heißt, überhaupt Widerstand zu leisten. Und dennoch versuchten auch nichtjüdische Deutsche, Widerstand gegen die Nazis zu organisieren. Dieser Widerstand war in den meisten Fällen kurzfristig und nicht sehr wirkungsvoll; aber es gab ihn. Die folgenden drei Beispiele für den kirchlichen, militärischen und politischen Widerstand in Deutschland gehören zu den bekanntesten und sind zu Recht berühmt.

Dietrich Bonhoeffer. Bonhoeffer war protestantischer Pfarrer und Theologe und ein herausragender Mann des kirchlichen Widerstands gegen den Nationalsozialismus. Er gehörte der «Bekennenden Kirche» an, die gegen den Einfluss der nationalsozialistischen «Deutschen Christen» in der evangelischen Kirche kämpfte. Christentum und Nationalsozialismus waren für Bonhoeffer unvereinbar und er beharrte darauf, dass die Kirche allen Opfern des Regimes helfen müsse, Christen wie Nichtchristen. Seit 1941 hatte er Rede- und Schreibverbot. Bonhoeffer verhalf einigen Juden zur Flucht und war auch im außerkirchlichen Widerstand tätig. So stand er mit den deutschen Offizieren in Verbindung, die 1944 das Attentat auf Hitler verübten. Bonhoeffer wurde im März 1943 von der Gestapo festgenommen und ins Konzentrationslager Flossenbürg gebracht, wo er am 9. April 1945 hingerichtet wurde.

Die Verschwörung des 20. Juli. Am 20. Juli 1944 explodierte eine Bombe im Führerhauptquartier, wo Hitler mit hohen Militärs eine Besprechung abhielt. Die Bombe war in einer Aktentasche versteckt und an einer Stelle gelassen worden, wo sie Hitler töten musste. Kurz vor der Explosion muss jemand die Tasche zufällig weggeschoben haben. Sie landete hinter einem dicken Tischbein, das Hitler vor der Wucht der Bombe schützte. Hitler wurde nur leicht verletzt, und unter den Toten war niemand, der für die Kriegführung von entscheidender Bedeutung gewesen wäre.

Zu den Menschen, die das Attentat auf Hitler planten und ausführten, gehörten Generäle seiner Streitkräfte und Männer, die ihm früher einmal nahe gestanden hatten. Sie alle liebten Deutschland. Einige waren schon seit langem heimliche Gegner der Nazis. Hitler, davon waren sie überzeugt, führe Deutschland in den Untergang.

Einige der Beteiligten hatten bereits seit Jahren versucht, Hitler zu beseitigen. Zwei frühere Attentatsversuche waren kläglich gescheitert. Die Verschwörer hatten Pläne für eine Regierung aufgestellt, die nach Hitlers Tod die Macht übernehmen sollte. Alle wichtigen Positionen sollten von Nazigegnern besetzt werden. Mit einer solchen Regierung würde Deutschland, so hofften sie, bessere Friedensbedingungen mit den Alliierten aushandeln können.

Die wichtigsten Verschwörer waren:
General Ludwig Beck
Carl Goerdeler
Ulrich von Hassell
General Friedrich Olbricht

Generalmajor Hans Oster
Oberst Claus Schenk Graf von Stauffenberg
Generalmajor Henning von Tresckow
Generalfeldmarschall Erwin von Witzleben.

Monatelang wurde Jagd auf Männer und Frauen gemacht, die als Beteiligte oder Mitwisser galten. Stauffenberg, Olbricht und zwei weitere Offiziere wurden noch
am Abend des Attentats erschossen. Beck und Tresckow
begingen Selbstmord. Auf Befehl Hitlers wurden die
restlichen Verschwörer auf besonders grausame Weise
gehängt. Ihre Todesqualen wurden gefilmt, damit er sich
daran ergötzen konnte.

Der 20. Juli ist zum Symbol des aktiven militärischen
Widerstands gegen Hitler geworden und die damaligen
Attentäter werden heute hoch geehrt.

Die Weiße Rose. Im Sommer 1942 und im Frühjahr 1943
tauchten kleine, maschinengeschriebene und mit einem
Handabzugsgerät vervielfältigte Flugblätter in den Trep-
penhäusern und Korridoren der Münchner Universität
auf. Andere wurden aus Fenstern geworfen, damit sie
Passanten auf der Straße in die Hände fielen, weitere per
Post versandt. Sie trugen die Überschrift FLUGBLÄT-
TER DER WEISSEN ROSE und sollten zur «Erneue-
rung des schwer verwundeten deutschen Geistes» beitragen. Das deutsche Volk, hieß es darin, habe sich von
den «faschistischen Verbrechern» in ein «geistiges Gefängnis» stecken lassen. Jeder Einzelne habe durch sein
«apathisches Verhalten» diese «Diktatur des Bösen» geduldet: «Ein jeder ist *schuldig, schuldig, schuldig!*» Auf
den Mauern der Universität erschienen die Losungen
FREIHEIT! und NIEDER MIT HITLER!

Die Weiße Rose: Hans Scholl, seine Schwester Sophie und ihr Freund Christoph Probst verfassten und verteilten sechs Flugblätter in München, in denen sie die Deutschen zum Widerstand gegen das Naziregime aufriefen. Die Studenten wurden des Verrats bezichtigt und hingerichtet.

Die Flugblätter waren von Hans Scholl und seiner Schwester Sophie zusammen mit ihrem Freund Christoph Probst und einigen Studienfreunden geschrieben und verteilt worden. Zunächst waren sie, wie alle ihre Freunde, begeisterte Mitglieder der Hitlerjugend gewesen. Mit der Zeit jedoch hatten sie mit ihrer Freiheit Stück für Stück ihre Illusionen verloren – ein geliebtes Buch, das nicht mehr gelesen werden durfte, ein Lieblingslied, das nicht gesungen werden sollte. Menschen, die sie kannten, waren «verschwunden»; von verwundeten Soldaten auf Fronturlaub hörten sie Geschichten über Konzentrationslager und Massenmorde. Sie kamen zum Schluss, dass es notwendig war, gegen das Regime

Widerstand zu leisten, das in der Welt ein «furchtbares Blutbad» anrichtete und Deutschland durch Hass und Krieg zerstörte.

Ihre «Vorbereitung zum Hochverrat», wie es in den Zeitungen hieß, bestand aus sechs Flugblättern, die zum Widerstand gegen das Naziregime in jeder Form aufriefen – von der passiven Befehlsverweigerung bis hin zur Sabotage. Die drei wurden entdeckt, festgenommen, vor dem Volksgerichtshof als Kriminelle und Verräter angeklagt und zum Tode verurteilt. Am 22. Februar 1943 wurden Sophie Scholl, einundzwanzig Jahre alt, Hans Scholl, vierundzwanzig, und Christoph Probst, dreiundzwanzig, mit dem Beil hingerichtet. Hans Scholls letzte Worte, als er vor seinem Henker stand, waren: «Es lebe die Freiheit!»

Die Gerechten unter den Völkern

Yad Vashem in Israel ist die Zentrale einer weltweiten Organisation, die sich der Erforschung des Holocaust widmet. Das Museum und die riesigen Archive sind Teil eines nie abzuschließenden Forschungs- und Dokumentationsvorhabens. Yad Vashem dient vor allem als ewige Gedenkstätte für die sechs Millionen, die getötet wurden.

In Yad Vashem gibt es eine eigene Abteilung, die nach Nichtjuden sucht, die ihr eigenes Leben riskierten, um Juden zu retten. Zu ihnen gehören auch die meisten Helfer und Retter, die in diesem Kapitel erwähnt werden. Man nennt sie «Gerechte unter den Völkern».

Von der Regierung Israels und von der Gedenkstätte

Yad Vashem erhalten diese Menschen eine Medaille mit einem Spruch aus dem Talmud. Diese wenigen Worte machen deutlich, wie wichtig solche Menschen sind, die den Mut haben, sich um andere zu kümmern, die Zivilcourage besitzen, etwas für Verfolgte zu unternehmen:

Wer ein Leben rettet,
Rettet die ganze Welt.

Das Ende

Wir waren frei, aber wir wussten es nicht, glaubten es nicht, konnten es nicht fassen. So viele lange Tage und Nächte hatten wir darauf gewartet, und jetzt, da der Traum Wirklichkeit wurde, kam uns alles immer noch vor wie ein Traum.

Mosche Sandberg, Überlebender von Birkenau

Wie viele Juden wurden ermordet?

Die genaue Zahl der im Holocaust getöteten Juden werden wir nie wissen. Die Unterlagen der Mörder sind zum Teil unvollständig, zum Teil verschollen. Um nur einige Beispiele zu nennen: Über die vielen Menschen, die von den Deportationszügen direkt in die Gaskammern getrieben wurden, haben die KZ-Aufseher nicht genau Buch geführt. Säuglinge wurden nicht immer mitgezählt. Viele Neugeborene wurden getötet, bevor ihre Geburt überhaupt registriert werden konnte.

Die am häufigsten verwendete Methode zur Berechnung der Opferzahlen besteht darin, die Zahl der überlebenden Juden aus jedem Land von der Zahl der jüdischen Vorkriegsbevölkerung abzuziehen. Doch es ist schwer, die Zahl der Überlebenden genau zu ermitteln; hinzu kommt, dass die Bevölkerungsstatistiken aus der Vorkriegszeit oft überholt oder ungenau sind.

Aus diesen und anderen Gründen wird die genaue Zahl der Toten für immer unbekannt bleiben. Alle Zahlen sind bloße Schätzungen. Manche Historiker gehen von über 6 Millionen jüdischen Toten aus.

Die Zahlen hier wurden von Yad Vashem zusammengestellt. Man findet sie in der *Encyclopaedia Judaica*.

Polen und sowjetische Gebiete:	4 565 000
Deutschland:	125 000
Österreich:	65 000
Tschechoslowakei:	277 000
Ungarn:	402 000
Frankreich:	83 000
Belgien:	24 000
Luxemburg:	700
Italien:	7 500
Holland:	106 000
Norwegen:	760
Rumänien:	40 000
Jugoslawien:	60 000
Griechenland:	65 000
	5 820 960

Die Überlebenden

Am 8. Mai 1945 kapitulierte Deutschland. Der Krieg in
Europa war vorbei. Die Häftlinge waren frei.

Die Tore der Lager öffneten sich. In ganz Europa waren Millionen unterwegs, freigelassene Insassen von Ar-
beitslagern, Gefängnissen und Konzentrationslagern,
dazu das Heer der nach Deutschland zur Zwangsarbeit
geholten so genannten Fremdarbeiter. Ihre Heimatländer
waren oft Tausende von Kilometern entfernt. Oft kamen
sie wieder in ein Lager – dieses Mal als «displaced per-
sons»: Vertriebene, Verschleppte.

Von den westlichen Alliierten, der Flüchtlingshilfeorganisation der Vereinten Nationen (UNRRA) und anderen Hilfsorganisationen wurde eine gewaltige Aktion in Gang gesetzt, um diesen Menschen die Heimkehr zu ermöglichen. Nach etwas mehr als einem Jahr waren die meisten in ihre Heimatländer zurückgekehrt und hofften, dass nun ein neues Leben in einer besseren Zeit anbrechen würde.

Vor dem Krieg und während des Kriegs hatten die Nazis den Juden eine «Sonderbehandlung» zugedacht. Und auch nach der Befreiung blieb ihre Lage eine besondere. Als die Alliierten die Lager in Westeuropa befreiten, fanden sie Tausende, Zehntausende Leichen, die niemand begraben hatte. Die Überlebenden waren nur noch Schatten ihrer selbst, menschliche Hüllen – so krank, ausgehungert, schwach, dass sie nicht einmal das Erlebnis der Freiheit ertragen konnten. «Viele starben aus schierer Freude», berichtete ein Zeuge. «Sie hatten so lange von Hoffnung und Furcht und bloßer Nervenspannung gezehrt, dass sie das plötzliche Nachlassen der Spannung nicht verkraften konnten.»

Man gab ihnen zu essen. Aber sie hatten so lange gehungert, dass manche nicht mehr essen konnten. Hunderte starben an den ersten Mahlzeiten, die sie erhielten. Mit einer derart «reichhaltigen» Nahrung wie Milch aus Milchpulver, Zucker, Salz, Haferflocken und Fleisch aus der Dose wurden ihre geschwächten Körper nicht mehr fertig. Nach Berichten der Ärzte wogen Häftlinge im Durchschnitt zwischen sechzig und achtzig Pfund. Sie hatten 50 bis 60 Prozent ihres Normalgewichts verloren und mehrere Zentimeter Körpergröße eingebüßt.

In den von amerikanischen, französischen und britischen Truppen befreiten Gebieten fand man noch 60000 Juden am Leben. Innerhalb der ersten Woche waren 20000 gestorben. Allein im befreiten KZ Bergen-Belsen starben täglich 500 Menschen.

Ein Kriegsberichterstatter, der die Befreiung eines Lagers miterlebt, der mit den gequälten lebenden Skeletten gesprochen und die Haufen ineinander verkeilter Leichen gesehen hatte, schrieb erschüttert: «Wir hatten davon gewusst. Die Welt draußen hatte irgendwie davon gehört. Aber bis jetzt hatte das niemand von uns mit eigenen Augen gesehen. Es war, als wären wir endlich bis ins Herz der Finsternis vorgedrungen, in das von Würmern wimmelnde Innere dieses brutalen Herzens.»

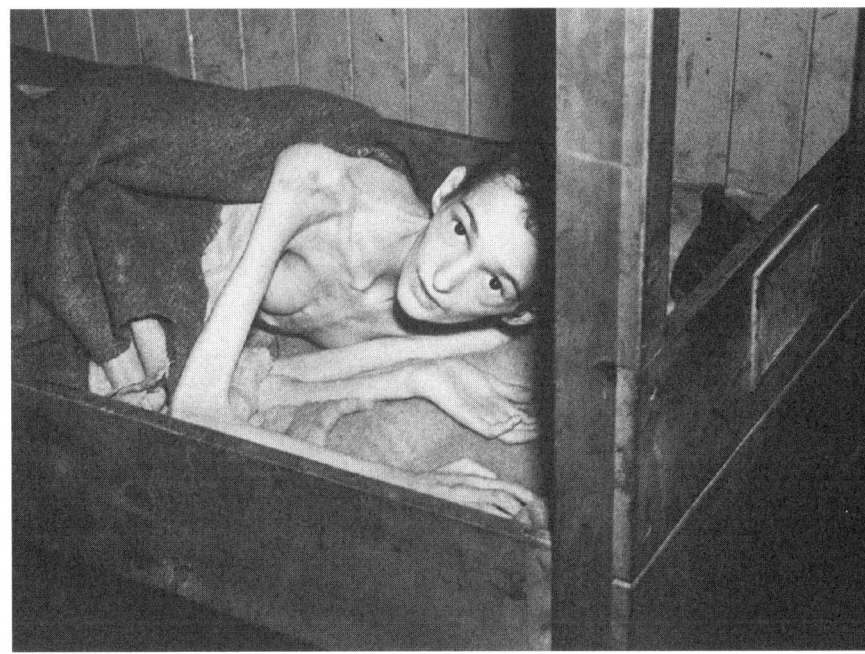

Bei ihrer Befreiung waren viele so abgemagert, geschwächt und krank, dass sie nicht einmal mehr aufstehen oder sich freuen konnten.

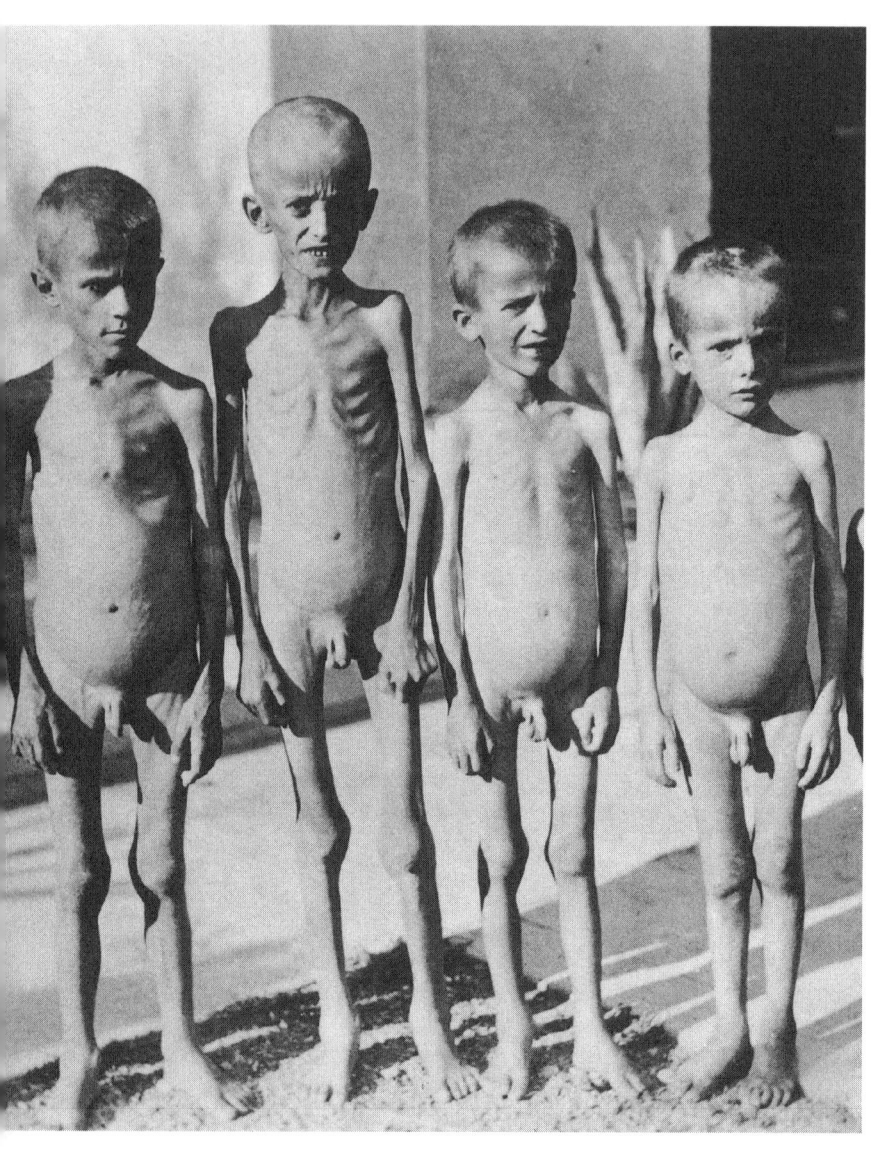

Überlebende Kinder

Zu den Überlebenden im Westen kamen weitere in Osteuropa. Bald schwoll die Zahl obdachloser Juden auf über 300000 an. Viele mussten erfahren, dass sie die letzten Überlebenden ihrer ganzen Familie, ja manchmal ihrer ganzen Gemeinde waren, dass die Nachbargemeinden völlig ausgelöscht waren. Ihr vergangenes Leben war im Feuersturm des Holocaust untergegangen, und jetzt waren sie heimatlos.

Viele Überlebende aus Deutschland und Österreich wollten nie mehr in das Land der Mörder zurückkehren. Auch nach Osteuropa wollten viele nicht zurück. Dort hatte das Zentrum des Nazigrauens gelegen. Und dort gab es auch neues Grauen. Über fünfhundert Juden, die – nach dem Ende des Kriegs, nach dem Verschwinden der Nazis – in ihre polnische Heimat zurückkehrten, wurden zwischen Mai und Dezember 1945 von Polen ermordet.

Die meisten der ehemals von Deutschland besetzten Länder waren nicht in der Lage, Tausende neuer Einwanderer aufzunehmen, die fast alle körperlich krank und emotional verstört waren und dringend Hilfe benötigten. In den Vereinigten Staaten und Großbritannien wurden die scharfen Einwanderungsbestimmungen nicht gelockert. Großbritannien war auch nicht bereit, mehr als die 1939 festgesetzte, kleine monatliche Quote in Palästina einwandern zu lassen. Es bot sich das alte, nur zu bekannte Bild: Für diese Juden gab es keinen Platz.

Immerhin wurden die Insassen der Flüchtlingslager jetzt gut behandelt. Der amerikanische Präsident Harry S. Truman bestand darauf, dass so viel wie nur menschenmöglich für sie getan werde, und General Dwight D. Eisenhower sorgte dafür, dass Trumans Befehl umgesetzt wurde. Organisationen wie die Vereinten Nationen,

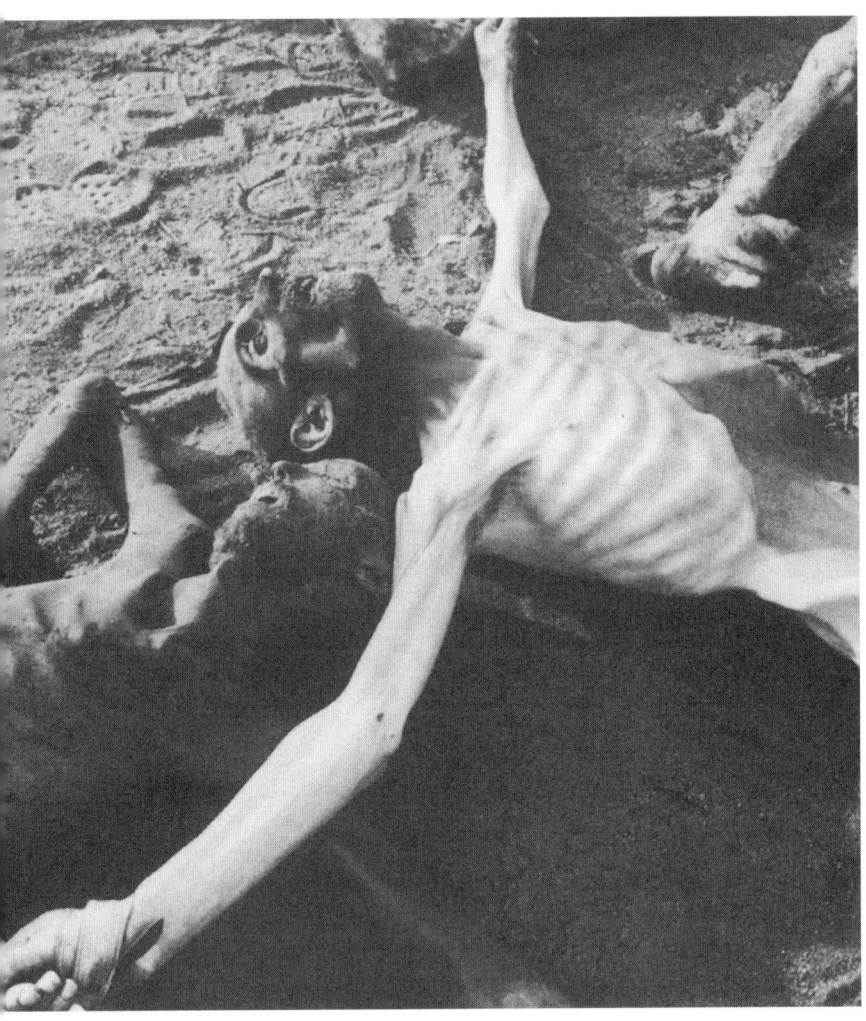

das Internationale Rote Kreuz, die Quäker und verschiedene jüdische Hilfsorganisationen scheuten keine Anstrengungen, um den Flüchtlingen den Schritt zurück ins Leben zu ermöglichen und ihnen auch beim Neuanfang in einem fremden Land zu helfen – wenn ein Land sich überhaupt bereit erklärte, Überlebende aufzunehmen.

Die übergroße Mehrheit der Überlebenden wollte nach Palästina. Da die Einreise legal nicht möglich war, musste es eben illegal gehen. Der Mossad, eine Abteilung der in Palästina aufgestellten geheimen jüdischen Selbstverteidigungsarmee Haganah, konnte 65 Schiffe «organisieren». Zwischen 1945 und 1948 wurden fast 200000 Überlebende des Holocaust nach Palästina gebracht. Der Heilungsprozess konnte beginnen.

Hoffnung

Drei Jahre nach dem Ende des Holocaust entstand in Palästina ein jüdischer Staat. Zum ersten Mal seit zweitausend Jahren hatten die Juden ein Land, das ihnen gehörte – ihnen als Juden. Für eine Geschichte der Ereignisse nach dem Zweiten Weltkrieg ist hier kein Platz. So viel sei nur gesagt, dass es viel Zeit und viele Schmerzen kostete und große Entschlossenheit von Juden und Nichtjuden erforderte, bis es so weit war. Der Druck des Präsidenten der Vereinigten Staaten brachte schließlich die Wende.

Am 14. Mai 1948 entstand der Staat Israel.

Der Davidstern, einst als gelbes Schandmal getragen, schmückt jetzt die Fahne der jüdischen Nation.

Schuld und Sühne –
Ein Nachwort von Alan Posener

Richter: *Ihnen ist doch bekannt, dass ein Gefangener, der so misshandelt wird, dass ihm das Blut aus der Hose fließt, schließlich zu jeder Aussage bereit ist. Sie als Kriminalist sollten doch wissen, dass eine solche Aussage wertlos ist.*

Angeklagter Wilhelm Boger (früher Lager-Gestapo): *Ich bin darin anderer Meinung, und zwar mit ausdrücklichem Bezug auf das Lager Auschwitz. Ich bin auch der Auffassung, dass in manchen Fällen heute noch die Prügelstrafe angebracht wäre, zum Beispiel im Jugendstrafrecht. Ich habe nicht totgeschlagen, ich habe Befehle ausgeführt.*

Aus dem Protokoll des Auschwitz-Prozesses, 1963

Angeklagter Robert Mulka (früher Adjutant des Lagerkommandanten): *Mir ist nur ein einziger Vorgang bekannt, bei dem ich einen Fahrbefehl nach Dessau zur Abholung von Desinfektionsmitteln ausgestellt habe.*

Richter (blättert in den Akten): *Da hab' ich aber mehrere hier. Ist das Ihre Unterschrift? Was heißt hier auf dem Fahrbefehl ‹Material für die Judenumsiedlung›?*

Mulka: *Na ja, Zyklon B.*

Aus dem Protokoll des Auschwitz-Prozesses

Fragen wir nach den Tätern. Wie leben Menschen mit einer solchen Schuld?

Fragen wir auch nach den Familien, den Freunden,

den Nachbarn und Kollegen der Täter. Fragen wir nach den Deutschen – nach unseren Großeltern. «Die Mörder sind unter uns» – so hieß ein berühmter Film der Nachkriegszeit. Aber die meisten Deutschen hatten andere Sorgen. Millionen deutsche Soldaten waren gefallen oder in Gefangenschaft. Die Überlebenden und Heimkehrer mussten ihre zerstörten Städte wieder aufbauen, die zerstörte Wirtschaft in Gang bringen, ihre zerstörten Leben von vorn anfangen. Deutschland war geteilt. In Ost und West mussten sich die Menschen an eine neue Ordnung gewöhnen.

Und schließlich waren viele Deutsche noch antisemitisch eingestellt. Deutschland hatte den Krieg gegen die Alliierten verloren. Wer immer noch verblendet war, sah darin einen Sieg «der Juden».

Sich an etwas Furchtbares zu erinnern tut immer weh. Sich an etwas Schlimmes zu erinnern, das man selbst getan hat, tut besonders weh.

Für die meisten Deutschen lag es aus all diesen Gründen nahe, den Holocaust nach Möglichkeit zu vergessen und zu verdrängen. Es konnte sein, dass sie beim Fleischer, beim Arzt, auf dem Sozialamt einem Mörder in die Augen sahen. Die meisten schauten weg.

Vergessen, verdrängen, wegsehen – dazu gehört, dass bis heute nicht einmal die genaue Zahl der Täter bekannt ist. (Frage einmal deine Lehrer oder deine Eltern!) Die meisten Menschen wissen, dass 6 Millionen Juden ermordet wurden. Aber wie viele Täter gab es?

Vielleicht denkst du: Was soll das? Kommt es überhaupt auf Zahlen an? Doch, es kommt darauf an. Wenn sich einige hundert oder tausend Deutsche aktiv bei der Verfolgung und Ermordung der Juden hervortaten, so könnten wir uns sagen: Diese Menschen waren besonders verbrecherisch, fanatisch oder autoritätshörig, anders als die meisten Deutschen zu der Zeit. Wie aber, wenn es Zehntausende oder gar Hunderttausende waren? Dann wird es schon schwieriger, sie als außergewöhnliche Ungeheuer abzutun. Außerdem sollten wir die Zahl der Täter vergleichen mit der Zahl der Menschen, die nach dem Krieg wegen Naziverbrechen vor Gericht gestellt wurden. Wurde die Schuld denn auch nur annähernd gesühnt?

Rechnen wir also, so gut es geht. Mindestens 6000 Mann dienten in den Einsatzgruppen. Weitere 19000 waren in Polizeibataillonen tätig, die ebenfalls in Osteuropa Massenerschießungen durchführten. 25000 Mitglieder zählten die drei SS-Brigaden, die in der besetzten Sowjetunion Juden aufspürten und liquidierten.

Diese etwa 50000 Mörder bilden aber nur die Spitze des Eisbergs. Mehr als 450000 «Reichsdeutsche» dienten in der Waffen-SS, die als Elitetruppe Himmlers in ganz Europa Massaker an der Zivilbevölkerung verübte. Viele dieser Männer waren auch an Aktionen gegen Juden beteiligt.

Ähnliches gilt für die Wehrmacht, also die reguläre deutsche Armee. In ganz Europa waren Wehrmachtssoldaten daran beteiligt, Juden wie Vieh zusammenzutreiben und ihren Henkern auszuliefern. Soldaten trieben Juden in Eisenbahnwaggons und bewachten die Transporte in die Ghettos und Vernichtungslager. In Osteuropa beteiligten sich gewöhnliche Soldaten auch an Massenerschießungen von Juden. Die Zahl der Täter aus der Wehrmacht dürfte einige Zehntausend betragen.

Hinzu kommt das Personal der Konzentrationslager: Allein in Auschwitz mit seinen 50 Außenlagern waren 7000 Aufseher beschäftigt. Die Deutschen bauten in den zwölf Jahren der Naziherrschaft über 10000 Lager, in denen Millionen Menschen gequält wurden. Nicht alle Lagerinsassen waren Juden. Aber in fast allen Lagern gab es Juden, und in allen Lagern wurden die Juden besonders unmenschlich behandelt. Sie sollten das Lager ja nicht überleben. Außerdem wurden etwa 1600 Arbeitslager und Ghettos nur für Juden eingerichtet, nicht zu vergessen die eigentlichen Vernichtungslager in Polen. Man hat errechnet, dass auf etwa zehn Lagerinsassen eine Aufsichtsperson kam. Nicht alle waren Deutsche. Aber die Zahl der Deutschen, die als Wachpersonal in den Ghettos und Lagern aktiv an der «Endlösung» beteiligt waren, muss in die Hunderttausende gehen.

Das ist aber immer noch nicht alles. Bisher haben wir nur diejenigen betrachtet, die sich direkt die Hände blutig machten. Hinter und über ihnen saßen aber Schreibtischtäter: die Bürokraten des Todes wie Adolf Eichmann im Reichssicherheitshauptamt; Offiziere des Heeres und der Polizei; Beamte im Wirtschafts- und Verwaltungshauptamt, wo die Ausbeutung von Sklavenarbeit organisiert wurde, in Hitlers Kanzlei, im Innenministerium sowie in den Verwaltungen für die besetzten Gebiete, wo Maßnahmen gegen die Juden geplant wurden.

Und was ist mit den Beamten der Reichsbahn, vom Chef bis zum einfachen Bahnhofsvorsteher, die sich dafür einsetzten, dass die Waggons mit ihrer Menschenfracht pünktlich aus allen Teilen Europas in die Vernichtungslager rollten? Was ist mit den Architekten und Ingenieuren, die Pläne für Lager und Gaskammern entwarfen? Was ist mit den Firmen, die Stacheldraht und Blausäure lieferten oder Öfen für die Krematorien bauten? Insgesamt haben Staatsanwälte der Bundesrepublik über 4100 Ämter, Organisationen und Firmen gezählt, die an den Verbrechen der Nazis beteiligt waren. Mindestens 330 000 Mitarbeiter sind sogar namentlich bekannt, aber die Dunkelziffer ist hoch, und die Zahl der Täter – der Mörder und ihrer Helfer – dürfte eine halbe Million oder mehr betragen.

Vergessen wir nicht: Es handelt sich hier nicht um Grausamkeiten, wie sie in jedem Krieg und auf jeder Seite in der Hitze des Gefechts vorkommen, sondern um geplanten, kaltblütigen Mord aus niederen Beweggründen – aus Rassenhass.

Und vergessen wir nicht: Damit die Juden physisch liquidiert – also getötet – werden konnten, mussten sie vorher «gesellschaftlich tot» sein: isoliert, enteignet, entrechtet. An diesem Prozess haben sich ebenfalls Hunderttausende aktiv beteiligt: die Journalisten, die Hetzartikel gegen Juden schrieben, und die Redakteure, die sie abdruckten; die Pfarrer, die «Ariernachweise» ausstellten und dadurch den Nazibehörden die Unterscheidung von so genannten Ariern und Juden ermöglichten; die Geschäftsleute, die sich am Eigentum ihrer jüdischen Partner und Konkurrenten bereicherten; die Anwälte, Ärzte und Hochschullehrer, die ihre jüdischen Kollegen aus ihren Berufsverbänden ausschlossen; die Lehrer, die jüdische Kinder verhöhnten und dann aus der Schule entfernten; die Staatsanwälte und Richter, die Urteile wegen «Rassenschande» – also Liebe zwischen Juden und Nichtjuden – und ähnlichen «Verbrechen» verlangten und aussprachen; die SA-Leute, die in der «Reichskristallnacht» randalierten und bei jeder Gelegenheit ihre jüdischen Nachbarn misshandelt und gedemütigt haben. Die Liste ließe sich fortsetzen. Zu nennen wären noch die fast acht Millionen Mitglieder der NSDAP und weitere Millionen, die nichts von alledem mitgemacht haben, den Terror gegen ihre jüdischen Nachbarn aber schweigend mit angesehen – oder weggesehen – haben.

«Keiner, der an diesen grausamen Taten beteiligt war, wird ohne Strafe davonkommen», warnte Präsident Franklin D. Roosevelt die Deutschen noch während des Krieges: «Alle, die sich am Verbrechen beteiligt haben, werden auch an der Strafe ihren Anteil haben.»

Wie sollte aber eine so gewaltige Schuld gesühnt werden?

Wie ist überhaupt die Schuld des einzelnen Täters zu bestimmen in einer Situation, wo es so viele Täter, Helfer, Anstifter, Mitläufer gab? Wer hat eine höhere Schuld auf sich geladen: der Journalist mit Abitur, der gegen «jüdische Untermenschen» hetzt, oder der ungebildete und aufgehetzte KZ-Aufseher, der diese «Untermenschen» ins Gas treibt?

Nennen wir wieder eine Zahl: etwa 80 000 Menschen insgesamt, so schätzt man, sind wegen Naziverbrechen verurteilt und bestraft worden, die meisten nicht in Deutschland. Das ist eine ziemlich hohe Zahl. Allerdings stand nur ein sehr kleiner Teil dieser Männer und Frauen wegen ihrer Beteiligung am Holocaust vor Gericht. Wir haben berechnet, dass ungefähr 500 000 Täter allein mit der Durchführung des Holocaust beschäftigt waren. Nur ein Bruchteil dieser Täter konnte zur Rechenschaft gezogen werden.

1943 erklärten Großbritannien, die USA und die So-

Die Hauptangeklagten im Gerichtssaal von Nürnberg. Ganz links in der ersten Reihe hinter der Brüstung sitzt Hermann Göring, neben ihm Rudolf Hess, ehemals Hitlers rechte Hand. Der dritte von rechts ist der Verleger des *Stürmer*, Julius Streicher, fünfter von rechts ist Hans Frank, der Gouverneur des von Deutschland besetzten Polen.

wjetunion, deutsche Kriegsverbrecher sollten nach dem Sieg über Hitler festgenommen und an die Länder ausgeliefert werden, wo sie ihre Verbrechen begangen hatten. Die Hauptkriegsverbrecher aber sollten sich vor einem internationalen Gericht verantworten. Hitler, Göring, Goebbels, Himmler und einige andere Naziführer begingen Selbstmord. Andere konnten untertauchen oder fliehen, darunter Eichmann und Dr. Mengele. Viele wurden aber erkannt und gefasst.

Am 20. November 1945 begann vor dem Internationalen Militärgerichtshof in Nürnberg der Prozess gegen 22 hohe Staatsbeamte, Parteiführer und Militärs. Elf

Männer wurden zum Tode verurteilt. Drei wurden frei-
gesprochen. Die anderen erhielten Haftstrafen.

Es folgten zwölf weitere Prozesse gegen Ärzte, Juristen, Politiker, Beamte, Generäle, SS-Führer und Geschäftsleute: die Elite des Dritten Reichs. Es gab, wie
im ersten Prozess, Todesurteile, Haftstrafen und Frei-
sprüche.

Die Nürnberger Prozesse waren öffentlich. Die Angeklagten hatten das Recht auf Anwälte ihrer Wahl und galten, wie es sich in einem fairen Prozess gehört, so lange
als unschuldig, bis ihnen ihre Schuld nachgewiesen
wurde.

Auch bei den Nürnberger Prozessen ging es nicht allein, ja nicht einmal in erster Linie um den Holocaust.
Den Angeklagten wurden «Verbrechen gegen den Frieden», «Kriegsverbrechen» und «Verbrechen gegen die
Menschlichkeit» zur Last gelegt. Als Verbrechen gegen
den Frieden galt die Planung eines Angriffskriegs; unter
Kriegsverbrechen verstand man die Ermordung und
Misshandlung von Kriegsgefangenen, Geiselerschießun-
gen und ähnliche Taten. Verbrechen gegen die Menschlichkeit wurden definiert als «Mord, Ausrottung, Ver-
sklavung, Deportation oder andere unmenschliche
Handlungen, begangen an der Zivilbevölkerung ... und
zwar unabhängig davon, ob die Handlung gegen das
Recht des Landes verstieß, in dem sie begangen wurde».

Noch einmal: «... unabhängig davon, ob die Handlung
gegen das Recht des Landes verstieß, in dem sie begangen
wurde». Damit ließ der Internationale Gerichtshof das
Argument der Angeklagten nicht gelten, die sagten: «Was
uns vorgeworfen wird, galt unter Hitler nicht als Un-
recht. Dafür können wir nicht nachträglich bestraft wer-

den.» Den Richtern von Nürnberg ging es auch darum, dieses Argument für alle Zukunft auszuschließen. Spätestens seit Nürnberg gilt im internationalen Recht: Kein Staat der Erde darf seinen Bürgern Verbrechen gegen die Menschlichkeit befehlen. Wer dennoch einem solchen Befehl gehorcht, macht sich selbst strafbar.

Zwei weitere Argumente wurden von vielen Angeklagten in Nürnberg vorgebracht und in allen späteren Prozessen wiederholt. Erstens: «Ich war nur ein unbedeutendes Rädchen im Getriebe.» Zweitens: «Ich musste die Befehle ausführen. Sonst wäre ich selbst Opfer geworden.»

Zum ersten Argument: Die Maschinerie des Todes war für ihren reibungslosen Ablauf auf jedes noch so kleine Rädchen in ihrem Getriebe angewiesen, jeder noch so geringe Widerstand hätte das System zumindest irritiert, wenn nicht sogar für kurze Zeit aufgehalten. Was Werner Dubois, Wachmann im Vernichtungslager Sobibor, über das einzelne Lager sagt, gilt auch für das Ganze: «Was ich gemacht habe, war Beihilfe zum Mord ... Wo wir auch immer eingesetzt waren: wir sind alle in gleicher Weise schuldig. Das Lager funktionierte in einer Kette von Funktionen. Wenn nur ein Glied dieser Kette entfällt, stockt der ganze Betrieb.»

Zum zweiten Argument ist zu sagen: Kein einziger Fall von «Befehlsnotstand» ist bekannt geworden – kein einziger Fall, in dem jemand zum Tode verurteilt wurde oder ins KZ kam, weil er sich weigerte, an Vernichtungsaktionen teilzunehmen. So unwahrscheinlich es klingt: Auch unter Hitler konnte und durfte man bestimmte Befehle verweigern oder um seine Versetzung bitten. Außer dem Spott oder den Beschimpfungen der Vorgesetzten und «Kameraden», eventuellen Nachteilen bei der Beförderung oder – schlimmstenfalls – der Versetzung an die Front musste man nichts befürchten. Himmler legte sogar ausdrücklich fest, dass die Beteiligung an der Ermordung von Juden freiwillig sein sollte. Wer nicht wollte, musste nicht als Mitglied eines Einsatzkommandos auf wehrlose Männer, Frauen und Kinder schießen; als Wachsoldat im KZ dienen; als Arzt an der Rampe stehen und entscheiden, wer sofort ins Gas kam, wer später. Hunderttausende nahmen als Hitlers willige Helfer und Henker am Holocaust teil.

Bis zur Gründung der Bundesrepublik Deutschland 1949 mussten sich in Westdeutschland fast 10000 Menschen vor alliierten und auch deutschen Gerichten wegen NS-Verbrechen verantworten. (Auch hier gilt: In der Regel handelt es sich um Kriegsverbrechen, nicht Verbrechen gegen die Menschlichkeit.) Anfang der fünfziger Jahre schlägt die Stimmung um. Die meisten Bundesbürger sind jetzt mit dem Aufbau einer neuen Existenz beschäftigt – und ansonsten mit Vergessen, Verdrängen, Wegsehen. Schon 1951 dürfen viele Nazibeamte in den öffentlichen Dienst zurückkehren. Im gleichen Jahr denkt die Regierung offen über eine Begnadigung der «so genannten Kriegsverbrecher» nach.

Einige Beispiele für das «Begnadigungsfieber» dieser Zeit: Im Nürnberger «Einsatzgruppenprozess» waren 24 Männer angeklagt und am 10. April 1947 verurteilt worden, etliche zum Tode. (Wir erinnern uns: Die 6000 Mitglieder der Einsatzkommandos ermordeten vom Juni 1941 bis April 1942 560000 Menschen.) Die Verurteilten waren Kommandeure, oft promovierte Juristen und hohe Polizeibeamte. Zwei Jahre nach dem Urteilsspruch setzte sich der Bundestag – einstimmig – für die Begnadigung der Mörder ein. Bereits 1951 kamen die ersten frei, 1958 war keiner mehr in Haft. Einer von ihnen, Professor Dr. Franz Six, persönlich verantwortlich für 17000 Morde, wurde später Werbeleiter bei Firmen wie Porsche und Mannesmann.

Von Generalfeldmarschall Erich von Manstein stammte der Befehl an die Soldaten seiner 11. Armee, den Krieg im Osten «nicht nach europäischen Kriegsregeln zu führen. Das jüdisch-bolschewistische System muss ein für allemal ausgerottet werden … Für die Notwendigkeit der harten Sühne am Judentum muss der Soldat Verständnis aufbringen.» Das war ein Aufruf zum Vernichtungskrieg. Manstein wurde von einem britischen Gericht 1949 zu 18 Jahren Haft verurteilt, kam aber schon 1953 frei. Später diente er als militärischer Berater der Bundesregierung.

Edmund Veesenmayer war von Hitler nach Ungarn geschickt worden, um die dort lebenden 800000 Juden nach Auschwitz zu deportieren. In 400000 Fällen gelang ihm das auch. 1949 erhielt Veesenmayer eine Gefängnisstrafe von 15 Jahren. Zwei Jahre später kam er wieder frei. Er wurde ein angesehener Geschäftsmann in Darmstadt.

Reichsfinanzminister Graf Lutz Schwerin von Krosigk ließ den zurückgelassenen Besitz der aus Deutschland deportierten Juden beschlagnahmen und unter die «Volksgenossen» verteilen. Auch deshalb stand er in Nürnberg vor Gericht. Nach seiner frühzeitigen Haftentlassung arbeitete er bereits 1951 als Leiter des Instituts «Finanzen und Steuern» in Bonn.

Als Vizepräsident der Reichsbank organisierte Emil Puhl die Lagerung und Sortierung von Zahngold, Eheringen, Schmuck und Brillengestellen der in Auschwitz und Majdanek ermordeten Juden in den Kellern seiner Bank. In Nürnberg erhielt er fünf Jahre Haft. Nach seiner vorzeitigen Entlassung arbeitete Puhl weiter erfolgreich im Bankgeschäft.

Im Nürnberger «I.G.-Farben-Prozess» stand SS-Obersturmbannführer Dr. Heinrich Bütefisch zusammen mit 23 weiteren Direktoren und Aufsichtsratsmitgliedern vor Gericht. In seiner Fabrik in Auschwitz hatte der Chemiekonzern I.G. Farben 300000 von der SS gemietete Sklaven beschäftigt, von denen 25000 «zu Tode gearbeitet wurden». Bütefisch saß sechs Jahre in Haft. 1964 erhielt er – inzwischen im Aufsichtsrat der Firma Ruhrchemie – aus der Hand des Bundespräsidenten das Große Bundesverdienstkreuz.

Dr. Bütefisch kann sich allerdings nur zwei Tage lang an seinem Orden erfreuen. Der öffentliche Protest zwingt die Regierung, die Auszeichnung zurückzunehmen. Denn inzwischen haben die ersten großen Prozesse gegen die Verantwortlichen des Holocaust in der Bundesrepublik begonnen. Das Wegsehen, Verdrängen und Vergessen wird schwerer.

Diese Prozesse werden durch einen Zufall ausgelöst. In Ulm klagt ein ehemaliger SS-Oberführer gegen seine Entlassung aus dem öffentlichen Dienst. Die Presse berichtet über den Fall mit Foto, und ein Zeitungsleser erkennt in dem Kläger den ehemaligen Polizeidirektor von Memel, der an der Ermordung von über 500 Juden beteiligt war. Es kommt 1958 zum «Ulmer Einsatzgruppenprozess». Erst jetzt, dreizehn Jahre nach Kriegsende, wird eine Zentrale Ermittlungsstelle für Naziverbrechen eingerichtet! Erst jetzt ermitteln deutsche Staatsanwälte

255

wegen der Verbrechen in den Vernichtungslagern Auschwitz, Belzec, Sobibor, Treblinka und Chelmno. 1963 kommt es dann zum ersten großen Auschwitz-Prozess gegen 24 Angeklagte, der weltweit Aufsehen erregt.

Insgesamt jedoch sind trotz großer Anstrengungen der Staatsanwaltschaft von 1958 bis heute in der Bundesrepublik weniger als 500 Personen wegen ihrer Beteiligung am Holocaust verurteilt worden. Weniger als 500. Zehntausende blieben unbehelligt. Der Bundestag hat zwar beschlossen, dass diese Mordtaten nicht verjähren dürfen. Inzwischen tritt jedoch die «biologische Verjährung» ein. Die Mörder und die letzten Zeugen ihrer Verbrechen sterben – und mit ihnen stirbt die Möglichkeit der Sühne. Die Versäumnisse der Nachkriegsjahre sind nicht wieder gutzumachen.

Niemand kritisierte diese Versäumnisse stärker als die Regierung der DDR. Im «antifaschistischen Staat» DDR seien Naziverbrecher frühzeitig und konsequent verurteilt worden, hieß es. Tatsächlich wurden in Ostdeutschland mindestens doppelt so viele Menschen wegen NS-Verbrechen verurteilt wie in Westdeutschland – obwohl im Westen mehr als dreimal so viele Menschen lebten. Schon Ende der fünfziger Jahre, als im Westen die Ermittlungen der Zentralstelle erst anliefen, hatte man das Kapitel «NS-Prozesse» im Osten bereits weitgehend abgeschlossen.

Zahlen sagen aber nicht alles. Wie kamen diese Urteile zustande? Nach dem Krieg wurden Hunderttausende vermeintliche Nazis von der sowjetischen Besatzungsmacht in Lagern festgehalten, oft in ehemaligen Konzentrationslagern wie Buchenwald und Sachsenhausen, wo viele von ihnen an Hunger und Seuchen zugrunde gingen. Wie viele Schuldige, wie viele Unschuldige darunter waren, lässt sich kaum noch feststellen. Viele bekamen überhaupt keinen Prozess. Und dort, wo ein Prozess stattfand, mussten die Ankläger den Angeklagten ihre Taten nicht – wie vor westlichen Gerichten – im Einzelnen nachweisen. Zur Verurteilung genügte oft einfach die Zugehörigkeit zu einer bestimmten Organisation, etwa zu einer SS-Wachmannschaft. Geständnisse wurden zuweilen durch Hunger und Misshandlungen erpresst. Die Schuld der Angeklagten stand in der Regel von vornherein fest. So wurden zum Beispiel 1950 nach der Auflösung der sowjetischen Lager 3432 Menschen ins Zuchthaus Waldheim «zur Untersuchung ihrer verbrecherischen Tätigkeit und Aburteilung durch das Gericht» (so der Auftrag des sowjetischen Generals) eingeliefert. Im Schnellverfahren wurden denn auch alle verurteilt. Darunter mit Sicherheit viele, die ihre Strafe verdienten. Aber ganz abgesehen davon, dass auch der schlimmste Verbrecher das Recht auf einen fairen Prozess hat, ist es so, dass ein öffentliches und ordentliches Verfahren dazu beiträgt, die Öffentlichkeit aufzuklären und aufzurütteln, wie es der Ulmer Einsatzgruppenprozess und der Auschwitz-Prozess in Westdeutschland getan haben. Umgekehrt können ungerechte Prozesse und Willkürurteile dazu führen, dass die Menschen hinter vorgehaltener Hand grummeln und sich nicht wirklich mit den Verbrechen beschäftigen, um die es im Prozess geht.

Auch in der DDR konnten Naziverbrecher unbehelligt leben und sogar wieder zu gesellschaftlichem Ansehen gelangen. Manche wurden Mitglieder der neuen herrschenden Partei, der SED, und in einigen Fällen

kam es sogar vor, dass der DDR-Geheimdienst – die
Stasi – solche Menschen zur Mitarbeit erpresste und ihnen dafür Straffreiheit zusicherte. Ein Beispiel: 1973
stand ein SED-Mitglied, Träger verschiedener DDR-Aus-
zeichnungen und Stasi-Spitzel, wegen Massenerschießungen vor Gericht. Er war im Krieg Mitglied der «Geheimen Feldpolizei» gewesen. Seine Taten waren den
Behörden der DDR seit über zehn Jahren bekannt, man
klagte den Mörder jedoch erst an, als in der Bundesrepublik Ermittlungen gegen Mitglieder der Geheimen
Feldpolizei ergebnislos verlaufen waren. Nun sollte der
Welt gezeigt werden, wie der «antifaschistische Staat»
DDR mit NS-Verbrechern umging. Zum Prozess wurden
nur fünfzehn «zuverlässige» Beobachter zugelassen, darunter der Sohn des Angeklagten, Sekretär der kommunistischen Jugendorganisation FDJ in seinem Heimatort.
Der Angeklagte sagte nichts über seine jahrelange Arbeit für die Stasi. Wahrscheinlich war ihm für sein
Schweigen eine gewisse Milde versprochen worden. Er
wurde jedoch zum Tode verurteilt und schnell hingerichtet.

Übrigens stand auch in der DDR nur ein kleiner Teil
der Angeklagten wegen Holocaust-Verbrechen vor Gericht. Anders als in der Bundesrepublik gab es in der
DDR auch keinen Versuch einer «Wiedergutmachung»
durch die Rückgabe geraubten Eigentums und die Zah-
lung von Entschädigung an Juden, die aus Deutschland
geflohen waren. Die DDR war ja «antifaschistisch» –
was gab es da «wieder gutzumachen»? Jüdisches Eigentum, das von den Nazis «arisiert» wurde, ging einfach
in «Volkseigentum» über. Paul Merker, ein führendes
SED-Mitglied, wurde 1955 sogar zu acht Jahren Zucht-

haus verurteilt, unter anderem weil er «die Verschiebung von deutschem Volksvermögen» (so die Anklage) gefordert hatte – also eine Entschädigung der enteigneten jüdischen Besitzer. Ja, die Feindseligkeit gegenüber Juden, ihre Benachteiligung und Schikanierung, wurde besonders in den frühen fünfziger Jahren so groß, dass viele Juden, darunter die Vorsitzenden mehrerer jüdischer Gemeinden, wieder einmal bei Nacht und Nebel vor einer deutschen Regierung fliehen mussten. 1990 entschuldigte sich die erste frei gewählte Volksvertretung in der DDR «… für die Verfolgung und Entwürdigung jüdischer Mitbürger auch nach 1945 in unserem Lande».

Ziehen wir Bilanz:

Alles in allem kann man nicht sagen, dass die Täter ihre Schuld nach 1945 gesühnt haben. Einige wurden hart bestraft, viele kamen mit leichten Strafen davon, noch mehr ohne jede Strafe, darunter – um nur drei ganz verschiedene Personengruppen zu nennen – Richter am Volksgerichtshof, Nazijournalisten und Beamte der Reichsbahn. In West und Ost wollten zu viele Menschen lieber wegsehen und vergessen. Auch ihre eigene Schuld vergessen.

Müssen wir uns also heute schämen, Deutsche zu sein? Sind deutsche Jugendliche heute verantwortlich für die Verbrechen, die ihre Urgroßeltern und Großeltern begangen haben? Sind sie für die Versäumnisse der Großeltern und Eltern bei der Verfolgung dieser Verbrechen verantwortlich?

Nein. Niemand ist für die Schuld und die Versäumnisse eines anderen Menschen verantwortlich.

Nachdem sie mit ihrer Klasse das «Haus der Wannseekonferenz» in Berlin besichtigt hatte, schrieb eine
16-jährige Schülerin ins Besucherbuch: «Wir können
nichts für unsere unmenschlichen Vorfahren, aber wir
können was dafür, wie wir in Zukunft mit anderen Menschen leben wollen.»

Bücher zum Weiterlesen

Bücher über den Holocaust füllen ganze Bibliotheken. Hier sind einige der wichtigsten. Wir haben besonders solche Bücher ausgewählt, die in Deutschland, Österreich und der Schweiz in öffentlichen Büchereien oder dem Buchhandel leicht zu besorgen sind.

1. Persönliche Erinnerungen

BRECHER, ELINOR: Ich stand auf Schindlers Liste. Lebenswege der Geretteten. Lübbe Taschenbuch, Bergisch-Gladbach 1995
Jeder kennt Spielbergs Film «Schindlers Liste». Hier erzählen einige der Geretteten ihre eigene Geschichte.

BUBIS, IGNATZ: Damit bin ich noch längst nicht fertig. Die Autobiographie. Ullstein Taschenbuch, Berlin 1998
Ignatz Bubis war von 1992 bis zu seinem Tod 1999 Vorsitzender des Zentralrats der Juden in Deutschland.

DEUTSCHKRON, INGE: Ich trug den gelben Stern. dtv Taschenbuch, München 1997
Eine Schülerin schreibt: «Ich muss ehrlich sagen, ich habe zuerst wenig Lust verspürt, dieses Buch zu lesen, da ich es im Rahmen des Geschichtsunterrichts tun musste. Doch Inge Deutschkron hat ihre Erlebnisse so eingehend beschrieben und auch noch spannend, dass ich dieses eine Mal sogar an Geschichte meine Freude hatte.»

FRANK, ANNE: Das Tagebuch der Anne Frank. Fischer Taschenbuch, Frankfurt am Main 1992
Zu ihrem 13. Geburtstag bekam Anne ein Tagebuch geschenkt, kurz bevor die Deutschen Amsterdam besetzten und die jüdische Familie Frank untertauchen musste. Anne beschreibt das Alltagsleben im Untergrund, ihre Ängste und Hoffnungen. 1945 starb sie im KZ Bergen-Belsen.

KLEMPERER, VICTOR: Das Tagebuch 1933–1945. Eine Auswahl für junge Leser. Aufbau Taschenbuch, Berlin 1997
Wie erlebten die Deutschen die Jahre der nationalsozialisti-

schen Herrschaft? Was hätten sie wissen können? Das Tage-
buch des Dresdener Romanistik-Professors Victor Klempe-
rer, der 1935 aufgrund seiner jüdischen Abstammung in den
Ruhestand versetzt wurde, gibt Antwort. Ein einzigartiges
Zeugnis vom Alltag der Judenverfolgung in Deutschland.
LEVI, PRIMO: Ist das ein Mensch? Die Atempause. Gebundene
Ausgabe, Hanser Verlag, München 1991; auch einzeln als dtv
Taschenbücher erschienen
1944 kam der italienische Jude Primo Levi als 24-jähriger
nach Auschwitz. In diesem Buch beschreibt er das Lager-
leben und seine Heimkehr. Levi wurde die Erinnerung und
die Alpträume nie los: 1987 beging er Selbstmord.
PEREL, SALLY: Ich war Hitlerjunge Salomon. Heyne Taschen-
buch, München 1994
Sally Perel konnte überleben, weil er sich als «Arier» ausgab
und sogar Hitlerjunge wurde. Auf der Grundlage seiner Erin-
nerungen wurde ein erfolgreicher Film gedreht.
WIESEL, ELIE: Die Nacht. Herder Taschenbuch, Freiburg 1996
Der Friedensnobelpreisträger beschreibt seine Erfahrung als
Kind in Auschwitz. Das Buch machte ihn weltberühmt.

Neben diese Berichte von Opfern ist der Bericht eines Täters zu
stellen:
HÖSS, RUDOLF: Kommandant in Auschwitz. Autobiographische
Aufzeichnungen. dtv Taschenbuch, München 1963
Der damalige SS-Obersturmbannführer Höß wurde nach
Dienstzeiten in Dachau und Sachsenhausen mit dem Auf-
bau des KZ Auschwitz beauftragt, das er drei Jahre lang lei-
tete. Kurz vor seiner Hinrichtung auf dem Gelände von
Auschwitz 1947 schrieb er diese Autobiographie, in der er
alle Einzelheiten seiner Tätigkeit mit buchhalterischer Ge-
nauigkeit festhielt.

2. Nachschlagewerke

BARTSCH, ELISABET; KAMMER, HILDE: Jugendlexikon Nationalsozialismus. Begriffe aus der Zeit der Gewaltherrschaft. Rowohlt Taschenbuch, Reinbek 1992
GILBERT, MARTIN: Endlösung. Die Vertreibung und Vernichtung
der Juden. Ein Atlas. Rowohlt Taschenbuch, Reinbek 1983

*Mit Hilfe von Einzelkarten kann man den Weg der Deporta-
tionszüge und Todesmärsche verfolgen, die Standorte von
Ghettos und Konzentrationslagern auffinden, aber auch das
Ausmaß von Widerstandsaktionen und Aufständen begreifen.*

*Sucht man Informationen zu einem bestimmten Thema oder
Stichwort, wird man in einem der folgenden Nachschlagewerke
mit Sicherheit Hinweise oder Zeitdokumente finden:*

GUTMAN, ISRAEL (Herausgeber): Enzyklopädie des Holocaust.
Die Verfolgung und Ermordung der europäischen Juden.
3 Bände. Argon Verlag, Berlin 1993
HILBERG, RAUL: Die Vernichtung der europäischen Juden. Die
Gesamtgeschichte des Holocaust. 3 Bände, Fischer Taschenbuch, Frankfurt am Main 1990
LONGERICH, PETER (Herausgeber): Die Ermordung der europäischen Juden. Eine umfassende Dokumentation des Holocaust 1941–1945. Taschenbuchausgabe, Serie Piper, München
1989

Biographische Hinweise geben:
WEISS, HERMANN (Herausgeber): Biographisches Lexikon zum
Dritten Reich. Fischer Taschenbuch, Frankfurt am Main 1999
WISTRICH, ROBERT: Wer war wer im Dritten Reich: Anhänger,
Mitläufer, Gegner aus Politik, Wirtschaft, Militär, Kunst und
Wissenschaft. Fischer Taschenbuch, Frankfurt am Main 1985

3. Gesamtdarstellungen und Bücher zu einzelnen Themen
   Zum Holocaust:
DAWIDOWICZ, LUCY S.: Der Krieg gegen die Juden 1933–1945.
Gebundene Ausgabe, Kindler Verlag, München 1979
*Eine engagierte Gesamtdarstellung, die auch den jüdischen
Widerstand behandelt.*
SCHOENBERNER, GERHARD: Der gelbe Stern. Die Judenverfol-
gung in Europa 1933–1945. Fischer Taschenbuch, Frankfurt
am Main 1994
*Wahrscheinlich die erschütterndste Fotodokumentation
dieser Jahre.*

263

Zu den Tätern:

BROWNING, CHRISTOPHER R.: Ganz normale Männer. Das Reserve-Polizeibataillon 101 und die «Endlösung» in Polen. Rowohlt Taschenbuch, Reinbek 1996
Browning fragt, wie ganz normale Männer – zumeist biedere Familienväter – zu Massenmördern werden konnten. Im Gegensatz zu Goldhagen glaubt er nicht, dass ihr Hass auf die Juden allein dies zu erklären vermag, und sucht nach anderen Antriebskräften.

GOLDHAGEN, DANIEL: Hitlers willige Vollstrecker. Ganz gewöhnliche Deutsche und der Holocaust. Siedler Taschenbuch, Berlin 1998
Dieses Buch ist sehr dick – über 700 Seiten – und nicht leicht zu verstehen. Goldhagens These vom besonderen «eliminatorischen Antisemitismus» in Deutschland, wonach viele Deutsche nicht nur wussten, dass Hitler alle Juden umbringen wollte, sondern dies guthießen und sich freiwillig an der Vernichtung der Juden beteiligten, ist sehr umstritten und hat heftige Diskussionen ausgelöst. Ebendeshalb sollte man das Buch lesen.

KEMPNER, ROBERT M. W.: SS im Kreuzverhör. Die Elite, die Europa in Scherben schlug. Droste Taschenbuch, Düsseldorf 1984
Der Berliner Robert Kempner musste als Jude Deutschland verlassen und fand Asyl in Amerika. Er vertrat die USA als Ankläger bei den Nürnberger Prozessen. Seine Vernehmungen der Elite des Dritten Reiches belegen, wie selbst gebildete Menschen – hohe Militärs und Beamte, Gelehrte, Adlige, Diplomaten – der Faszination Hitlers erlagen.

SERENY, GITTA: Am Abgrund. Gespräche mit dem Henker. Franz Stangl und die Morde von Treblinka. Taschenbuchausgabe, Serie Piper, München 1997
Franz Stangl war der Kommandant des Vernichtungslagers Treblinka.

Zum Widerstand, zu Helfern und Rettern:

BENZ, WOLFGANG; PEHLE, WALTER H. (Herausgeber): Lexikon des deutschen Widerstandes. Fischer Taschenbuch, Frankfurt am Main 1999

Lustiger, Arno: Zum Kampf auf Leben und Tod. Das Buch vom Widerstand der Juden 1933–1945. dtv Taschenbuch, München 1998
Eine umfassende, über 600 Seiten zählende Darstellung des passiven und aktiven Widerstands der Juden in ganz Europa. Mit vielen Einzelportraits und Originaldokumenten.

Silver, Eric: Sie waren stille Helden. Frauen und Männer, die Juden vor den Nazis retteten. Gebundene Ausgabe, Hanser Verlag, München 1994
Geschichten, die Mut machen, von Menschen, die immer noch zu wenig bekannt sind.

Vinke, Hermann: Das kurze Leben der Sophie Scholl. Ravensburger Taschenbuch, 1987
In leicht verständlicher Sprache erzählt Vinke die Lebensstationen von Sophie Scholl, die als Mitglied der «Weißen Rose» 1943 hingerichtet wurde.

Wyman, David S.: Das unerwünschte Volk. Amerika und die Vernichtung der europäischen Juden. Gebundene Ausgabe. Verlag Max Hueber, München 1986
Wyman kritisiert, dass die damalige amerikanische Regierung «zu wenig zu spät» unternahm, um möglichst viele Juden zu retten.

Zur Auseinandersetzung mit den Nazi-Verbrechen nach 1945:

Bergmann, Werner; Erb, Rainer; Lichtblau, Albert (Herausgeber): Schwieriges Erbe. Der Umgang mit Nationalsozialismus und Antisemitismus in Österreich, der DDR und der Bundesrepublik Deutschland. Schriftenreihe des Zentrums für Antisemitismusforschung Berlin, Band 3. Campus Verlag, Frankfurt am Main 1995
Eine Sammlung nicht immer leicht verständlicher, aber interessanter Aufsätze.

Rückerl, Adalbert: NS-Verbrechen vor Gericht. Versuch einer Vergangenheitsbewältigung. Gebundene Ausgabe. C. F. Müller Juristischer Verlag, Heidelberg 1984
Rückerl war Leiter der bundesdeutschen Zentralstelle zur Aufklärung von Naziverbrechen. Sein Buch ist nicht leicht zu lesen, aber immer informativ und zuverlässig.

SCHÜTT, HANS-DIETER; ROSMUS, ANNA: Anna Rosmus, die «Hexe» von Passau. Dietz Taschenbuch, Berlin 1994
Als Schülerin begann Anna Rosmus, die verdrängte Geschichte ihrer Heimatstadt Passau aufzuspüren. Das brachte dem «schrecklichen Mädchen», dessen Leben inzwischen verfilmt wurde, den wütenden Hass ihrer Mitbürger ein.

WERLE, GERHARD; WANDRES, THOMAS: Auschwitz vor Gericht. Völkermord und bundesdeutsche Strafjustiz. Mit einer Dokumentation des Auschwitz-Urteils. Beck Taschenbuch, München 1995
Die ersten 40 Seiten geben einen kurzen Überblick über die Behandlung der Naziverbrechen durch die bundesdeutsche Strafjustiz; die anschließende Dokumentation des Prozesses gegen 22 Angehörige des KZ-Personals von Auschwitz ist auch für Nichtjuristen fesselnd.

4. Argumentationshilfen

BENZ, WOLFGANG (Herausgeber): Legenden, Lügen, Vorurteile. Ein Wörterbuch zur Zeitgeschichte. dtv Taschenbuch, München 1993

TIEDEMANN, MARKUS: «In Auschwitz wurde niemand vergast.» 60 rechtsradikale Lügen und wie man sie widerlegt. Taschenbuch, Verlag an der Ruhr, Mülheim 1996
Neonazis leugnen oft den Holocaust mit teilweise geschickten Argumenten. Auch wenn man weiß, dass sie lügen, weiß man oft nicht, wie man das beweisen soll. Dieses Buch hilft.

Abbildungsnachweis

Register

(Die *kursiv* gesetzten *Zahlen* verweisen auf Seiten mit Abbildungen.)

268

275

276

Ausführliches Inhaltsverzeichnis

BARBARA ROGASKY kam 1933 in den USA als Kind russisch-jüdischer Einwanderer zur Welt, die ihre Heimat um 1908 verlassen hatten. Sie arbeitete als Lektorin für verschiedene Verlage, bevor sie sich ganz dem Schreiben von Kinder- und Jugendbüchern widmete. 1998 erhielt sie den National Jewish Book Award für ihre Nacherzählung der Legende des Golems. Heute lebt sie in einem 175 Jahre alten Haus auf dem Land, gibt Foto-, Gedicht- und Erzählungsbände für Kinder und Jugendliche heraus und arbeitet an einer Geschichte der Juden für junge Leser.

Über ihre Beschäftigung mit dem Holocaust sagt die Autorin: «Wenn es dafür einen Auslöser gab, dann war es mein Schock beim Betrachten eines Fotos, das zeigt, wie eine Gruppe aus dem Warschauer Ghetto abgeführt wird (siehe Seite 176): die junge Frau zur Linken sieht meiner Schwester ähnlich.»

Der Übersetzer und Verfasser des Nachwortes ALAN POSENER, geboren 1949, wuchs in London, Kuala Lumpur und Berlin auf. Nach dem Studium arbeitete er als Lehrer, bevor er sich als Schriftsteller und Übersetzer selbständig machte. Er schrieb u. a. eine Duographie Stalin / Roosevelt (Hamburg 1993), ein Buch über John F. und Jacqueline Kennedy (Berlin 1997) sowie in der Reihe rowohlts monographien die Bände über John Lennon, John F. Kennedy, William Shakespeare, Franklin D. Roosevelt, Elvis Presley (mit Maria Posener) und Maria. Seit 2000 arbeitet Posener als Redakteur bei der Tageszeitung Die Welt in Berlin.

Bücher für die nächste Generation

Nieder mit dem Sparschwein!
Ein Geldbuch

ROWOHLT
BERLIN

Stefan Welzk
Nieder mit dem Sparschwein!
Ein Geldbuch

Die Welt der
Hieroglyphen

ROWOHLT
BERLIN

Christian Jacq
Die Welt der Hieroglyphen

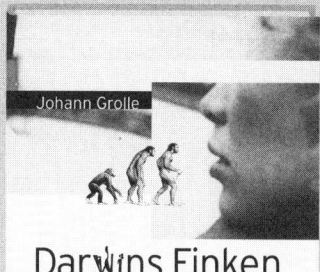

Darwins Finken
oder Wie der Affe
zum Menschen wurde

ROWOHLT
BERLIN

Johann Grolle
Darwins Finken oder Wie der
Affe zum Menschen wurde

Alles Quark?
Ein Physikbuch

ROWOHLT
BERLIN

Hans Graßmann
Alles Quark?
Ein Physikbuch

4